David A. Seamands

Befreit vom kindischen Wesen

Verlag der Francke-Buchhandlung GmbH
3550 Marburg/Lahn

CIP-Kurztitelaufnahme der Deutschen Bibliothek

Seamands, David:
Befreit vom kindischen Wesen / David A. Seamands. [Dt. von Bernhard von Schwerin]. – Marburg/Lahn : Francke, 1986.
(Edition C : S, Antwort auf Lebensfragen ; Nr. 4)
Einheitssacht.: Putting away childish things ‹dt.›
ISBN 3-88224-500-X
NE: Edition C / S

2. Auflage 1987

Originaltitel: PUTTING AWAY CHILDISH THINGS

Deutsch von Bernhard von Schwerin
Umschlaggestaltung: Litera
Titelfoto: Conrad
Satz: Typo Schröder, Dernbach/Dierdorf
Gesamtherstellung:
St.-Johannis-Druckerei C. Schweickhardt
7630 Lahr-Dinglingen
Printed in Germany 23678/1987

Inhaltsverzeichnis

Vorwort

Ich habe früher gemeint, daß der Mensch, wenn er erwachsen wird, seine kindliche Verhaltensweise allmählich ablegt und sich ein Verhalten als Erwachsener bildet. Doch ich habe herausgefunden, daß das nicht stimmt. Viele Menschen sind zwar ihrem Alter nach Erwachsene, aber seelisch und geistig sind sie noch wie Kinder. Ihre Geburtstage weisen zwar ihr Lebensalter auf, aber die Art und Weise, wie sie sich verhalten, weist auf die Stufe hin, die sie im Leben tatsächlich erreicht haben – die Kindheit. Das Neue Testament sagt uns, wir sollen kindische Verhaltensweisen *katargein,* die uns davon abhalten, reif zu werden. Dieses griechische Wort bedeutet: weglegen, wirkungslos, untätig, kraftlos werden lassen; etwas entfernen; einen Menschen von etwas frei werden lassen, das ihn gebunden hält.

Der Apostel Paulus beschreibt seinen eigenen Werdegang folgendermaßen: »Als ich ein kleines Kind war, da redete, fühlte und dachte ich wie ein Kind. Jetzt, wo ich ein Mann bin, haben meine kindische Redeweise, meine kindische Gefühlswelt und meine kindische Denkweise keine weitere Bedeutung für mich« (1. Kor. 13,11 wörtl. nach der engl. Übersetzung). Eine andere Übersetzung drückt es so aus: »Ich habe die Wege eines Kindes aufgegeben.«

Katargein ist ein starkes Tätigkeitswort. Und wenn wir es in die Tat umsetzen, so kostet das eine große Anstrengung und viel Kampf. Kindische Dinge fallen nicht einfach von selbst ab wie tote Blätter von einem Baum. Wir müssen sie ablegen, wir müssen sie *katargein* und »dem kindischen Wesen ein Ende machen« (andere engl. Übers.)

Dieses Buch wurde geschrieben, daß wir überholte kindische Verhaltensweisen erkennen und wie ihr Wirken in unser Leben verhindert werden kann, damit wir »in allen Stücken auf Christus hin wachsen können« (Eph. 4,15 nach d. Engl.)

David A. Seamands
Wilmore, Kentucky 1982

»Denn wir erkennen teilweise, und wir prophezeien teilweise; wenn aber das Vollkommene kommt, wird das Stückwerk abgetan werden. Als ich ein Kind war, sprach ich wie ein Kind, dachte wie ein Kind und hatte kindische Gedankengänge; als ich ein Mann wurde, tat ich das kindische Wesen ab.« *(1. Kor. 13,9-11 wörtl.)*

Kapitel 1

Das verborgene Kind in uns allen

Irgendwo und irgendwann waren Sie einmal ein Kind. Obwohl wir uns nicht an alle Einzelheiten aus unserer Kindheit erinnern, ist das Kind und der Heranwachsende, die wir einmal waren, für uns noch heute wichtig, weil sie in uns weiterleben. Das verborgene Kind aus unserer Vergangenheit ist sehr lebendig und beeinflußt alles, was wir tun, sei es gut oder böse.

Der englische Dichter William Wordsworth hatte recht, als er sagte: »Das Kind ist der Vater des Mannes.« Man kann sich nicht von seiner eigenen Geschichte abschneiden. Wir sind wie ein kompliziertes Gewebe, das aus Millionen von Fäden besteht, von denen einige bis Adam zurückreichen und über ihn hinaus bis zu Gott, der uns zu seinem Bild erschaffen hat. Aber viele der wichtigsten Fäden in dem komplizierten Gewebe unseres Wesens wurden uns in unserer Kindheit mitgegeben, vor allem in der Beziehung zwischen Eltern und Kindern.

Das verborgene Kind in uns kann ein bestimmender Faktor im Leben sein. Er kann uns richtig oder falsch führen. Im Leben mancher Menschen ist das Kind nicht nur vorhanden, sondern es gedeiht. Es hat eine schreiende, lärmende und flegelhafte Wesensart an sich. Nach eigenem Gutdünken handelt es in lärmender Unbesonnenheit. Es mischt sich in das gegenwärtige Erwachsenenleben ein. Es verletzt und zerstört die allerbedeutungsvollsten zwischenmenschlichen Beziehungen. Manchmal dagegen ist das Kind in uns aus unserer Vergangenheit so schüchtern, so furchtsam, so niedergeschlagen und so voller Selbstverachtung, daß wir uns einfach nicht dazu entschließen können, Freundschaften zu schließen, wie sehr wir das auch wünschen; oder es kann nicht laut sprechen, wenn wir unsere Meinung darlegen sollen; es kann keine schweren Entschlüsse ausführen. Es kann uns davon abhalten, der Mensch zu werden, der wir nach Gottes Willen sein sollen.

Wegen der Macht, die das Kind in uns ausübt, ist es wichtig, diesen Teil unseres Wesens kennenzulernen. Zunächst jedoch ist es an dieser Stelle notwendig, ein warnendes Wort zu sagen. Wir leben in einer von der Psychologie bestimmten Welt. Jeder, der sich einmal mit Tiefenpsychologie befaßt hat, hält sich schon für einen Seelenkenner. Das größte Übel an einer falsch angewandten Psychoanalyse liegt darin, daß so viele Menschen gern in ihrer Vergangenheit herumwühlen, um Entschuldigungen für ihr augenblickliches Verhalten zu finden, um sagen zu können: »Meine Mutter, mein Vater, mein Bruder, die Umstände, mein Lehrer oder ein Unfall, den ich einmal gehabt habe, haben mich zu dem gemacht, was ich heute bin.«

Im Gegensatz zu dieser selbsterniedrigenden Verantwortungslosigkeit bitte ich Sie, daß Sie zurückblicken und erkennen, ob Sie immer noch dem Kind in sich aus Ihrer Vergangenheit gestatten, Ihr Leben zu beherrschen, um dadurch zu lernen, größere Verantwortlichkeit zu übernehmen. Schauen Sie zurück, damit Sie entdecken, wo Sie sich ändern müssen, wo Sie vergeben und sich vergeben lassen müssen, wo Sie geheilt werden müssen, und wo Sie sich täglich in Zucht zu nehmen haben. Schauen Sie zurück, damit Sie Sie selbst sein können, wie es Gottes Absicht mit Ihnen ist. Wenn Sie entdecken, wo dieses versteckte Kind in Ihnen Sie niederdrückt, dann können Sie es *katargein.* Sie können seine Macht zerbrechen und es wirkungslos werden lassen. Sie können seinen Einfluß aufheben, so daß Sie dazu freiwerden, in Christus zu wachsen zu der vollkommenen Liebe, die aus Ihnen einen siegreichen und fruchtbringenden Christen machen wird.

DAS LAUNISCHE KIND

Vor ungefähr zwanzig Jahren schrieb Hugh Missildine ein Buch, das eine hohe Auflagenziffer erreichte und den Titel trug: »Das Kind in uns aus unserer Vergangenheit«.

Es ist auf seinem Gebiet immer noch ein Klassiker. Sein besonderer Wert liegt darin, daß es nachweist, wie die vielfältigen Verhaltensweisen unserer Eltern die Entwicklung unserer Persönlichkeitsmerkmale prägen. Ich muß mich bei Missildine sehr dafür bedanken, wie er einige der Themen darlegt, die ich in diesem

Kapitel verwende. Das kleine Kind aus unserer Vergangenheit tut sich an der Stelle am deutlichsten kund, wo sich ein Kind am wohlsten fühlt – nämlich daheim, und in solchen persönlichen Kontakten und Beziehungen, die der häuslichen Atmosphäre am nächsten kommen. Der Ort, wo es sich am schwersten als reifer Mensch leben läßt, ist das Zusammenleben mit engen Freunden, mit einem Zimmernachbarn, mit einem Freund oder einer Freundin, mit Arbeitskollegen und mit der Familie; denn das kleine Kind neigt dazu, bei einem so engen Miteinanderleben die Herrschaft an sich zu reißen.

Wenn wir wenig Umgang mit Menschen haben, dann legen wir ein öffentliches Ich an den Tag, das höflich und wohlkontrolliert ist. Bei bloß oberflächlichen Kontakten mit Menschen geben wir uns gewöhnlich sehr erwachsen, vernünftig und umgänglich. Aber wir brauchen nur mit jemandem in engen Kontakt zu kommen, wie das bei einer tiefen Freundschaft, einer Liebe, einer Ehe oder einer engen Zusammenarbeit der Fall ist, wie schnell kann da das kleine Kind die Herrschaft erlangen! Es kann sich unvernünftig, stur und quengelig oder es kann sich scheu, furchtsam und schwach gebärden. Aus uns können so ganz andere Menschen werden, daß wir überrascht und entsetzt sind über das, was wir alles denken, fühlen und sagen.

Wenn wir einmal innehalten und uns ehrlich mit unserem Verhalten auseinandersetzen, entdecken wir vielleicht, daß wir auf die augenblickliche Lage gar nicht so eingegangen sind, wie sie eigentlich ist. Vielmehr ist das verborgene Kind aus der Vergangenheit aufgetaucht und reagiert auf etwas, was uns in der Kindheit einmal zugestoßen ist und mit dem wir uns damals auseinandersetzen mußten. Wir haben nicht wie reife Menschen gehandelt, wir haben vielmehr auf Umstände reagiert, die ganz anders waren als diejenigen, in denen wir uns im Augenblick befinden.

Ich erinnere mich an das erste Jahr, als ich Pfarrer an der Kirche in Wilmore war. Die Pfarrer aus unserem Bezirk hielten jeden Morgen abwechselnd Morgenandachten in einer nahegelegenen Rundfunkanstalt. Das fünfzehnminütige Programm begann um 9.15 Uhr. Ungefähr alle zehn bis zwölf Wochen war ich an der Reihe. Eines Tages wurde ich durch irgend etwas in meinem Büro aufgehalten und raste zur Rundfunkanstalt. Ich kam ganz atemlos um 9.12 Uhr an. Drei Minuten später hielt ich die Andacht.

Nach dem Programm ging ich aus der Kabine in das Hauptbüro. Die junge Sekretärin schaute mich an und sagte: »Herr Pfarrer, die Redner sollten bitte mindestens zehn Minuten vor der Zeit da sein.« Ich erinnere mich, wie mein Gesicht rot wurde und ich viel aufgeregter, als ich es je vorhatte, heraussprudelte:
»Aber bitte, ich war doch pünktlich!«

Sie schaute etwas verdutzt drein, gab aber keine Antwort, weil ich schon auf dem Weg zur Tür hinaus war. Ich stieg ins Auto und fuhr zurück nach Wilmore. Auf dem ganzen Rückweg redete ich mit mir selbst:
»Für wen in aller Welt hält sich diese freche kleine Blonde? Merkt sie denn gar nicht, wie viel ein Pfarrer zu tun hat, wie lang das Programm dauert und wie es den Morgen beansprucht? Man braucht mehr als eine Stunde, bis man dort ist und seine Rundfunkansprache gehalten hat!»

Dann dämmerte es mir plötzlich, und ich sagte zu mir: »Seamands, was hat dich eigentlich so aus der Fassung gebracht?«

Nun gibt es eine gute Faustregel, mit der man seine Reaktionen messen kann. Wenn eine Reaktion dem Anlaß gar nicht entspricht, dann ist anzunehmen, daß sich das kleine Kind in uns regt.

Mit einer überraschenden Gefühlsaufwallung spielte sich in meinem Denken ein Erlebnis aus meiner Kindheit ab und ich merkte, daß ich eigentlich gar nicht mit der frechen kleinen Blonden in der Rundfunkanstalt gesprochen hatte, sondern daß ich auf ein Ereignis aus meiner Kindheit reagierte. All die Gefühle eines gekränkten kleinen Jungen kamen in diesem Gespräch zutage.

Als ich das so klar erkannte, konnte ich den Heiligen Geist bitten, eben diesen Vorfall zu *katargein,* zu mir zu kommen, den Stachel aus meinen Erinnerungen fortzunehmen, das Erlebnis null und nichtig zu machen, damit es in meinem Leben wirkungslos und untätig würde. Am nächsten Tag entschuldigte ich mich bei der jungen Dame, um erstens mein Gewissen und dann die Atmosphäre zwischen uns zu reinigen.

DAS VERSTÖRTE KIND

Der Bereich unseres Lebens, wo wir vermutlich das Kind in uns am häufigsten zu sehen bekommen, ist die Familie, vor allem in den ehelichen Beziehungen. Wir begehen einen Fehler, wenn wir meinen, daß nur zwei Menschen heiraten. Wir sagen sogar, daß zwei Menschen eins werden. Das klingt sehr schön, aber die Schwierigkeit liegt darin, daß *vier* Menschen heiraten, und da geht es im Haus manchmal ganz schön eng zu; denn es leben dort zwei Erwachsene mit zwei Kindern aus der Vergangenheit zusammen. Alles geht solange gut, wie die Erwachsenen das Heft in der Hand behalten. Die Familie aber ist der Ort, wo wir uns entspannen, wo wir uns gehen lassen und wieder die kleinen Kinder aus der Vergangenheit werden. Dann will recht bald das verborgene Kind im Mann oder in der Frau das Heft in die Hand bekommen und es wird turbulent. Wenn gar alle vier sich daran machen, so zu handeln, wie es ihrer verschiedenen Herkunft entspricht, kann die Ehe zu einem Tollhaus werden. Die Hauptgebiete, wo diese vier aufeinanderprallen, sind Geld, Liebe, Geschlechtsleben und Kindererziehung. Wenn Ihnen das überspannt vorkommt, hören Sie einmal, was ein Mann mit Tränen in den Augen zu mir sagte: »Ich verstehe mich selbst nicht. Ich liebe meine Frau so sehr. Während der Arbeit sage ich zu mir: »Heute abend wird es endlich anders!« Doch was geschieht, wenn ich nach Hause komme? All die zarten und liebreichen Dinge, die mir den ganzen Tag im Kopf herumgegangen sind, bleiben mir im Hals stecken. Wenn ich das Haus betrete, bin ich plötzlich wieder ein furchtsamer kleiner Junge, auf den seine Mutti unentwegt einredet. Anstatt meiner Frau zu sagen, wie sehr sie mir den ganzen Tag gefehlt hat, schimpfe ich mit ihr wegen einer Lappalie.« Kommt Ihnen das bekannt vor?

Oder vielleicht sagt die Frau: »Wissen Sie, ich kann mich so lange beherrschen, bis mein Mann die Kinder straft. Dann halte ich es einfach nicht aus. Ich weiß ja, daß er gar nicht zu streng mit ihnen umgeht. Ich weiß, daß ich sie verwöhne. Ich weiß, daß sie manchmal Schläge verdient haben. Aber wenn er straft, sehe ich gleich wieder meinen Vater vor mir, und dann streite ich mich schließlich mit meinem Mann. Ich komme mir vor wie ein ängstliches kleines Mädchen.«

DAS KONTROLLIERBARE KIND

Die größte Tragödie bei alledem ist, daß es uns davon abhält, frei zu sein. Es bindet uns an die Vergangenheit und kettet uns an Handlungsweisen aus unserer Kindheit. Wir sind nicht frei zum Lieben und bringen nichts Belebendes in unsere Familien und in unser Verhältnis zu unserer Umwelt. Wir sind eigentlich nie die Handelnden, sondern reagieren bloß.

Der Apostel Paulus setzte seine Aufforderung, das abzulegen, was kindisch ist, als Herzstück in die Mitte des großartigen Kapitels über die Liebe, 1. Korinther 13. Die vollkommene Liebe, die zur Reife führt, vertreibt unsere Furcht und bringt schöpferische Initiative und Neuwerden mit sich. Diese Liebe und diese Reife aber kann man erst dann finden, wenn man das *katargein* in die Tat umsetzt und dem verborgenen Kind in uns aus unserer Vergangenheit widersteht.

Der Heilige Geist möchte auf diesem Gebiet unseres Lebens tätig werden, wenn wir mit unserem Stolz brechen und vor uns selbst ganz ehrlich werden. Wir müssen ihn in der Stille darum bitten, uns die Wahrheit über uns selbst aufzuschließen und uns zu zeigen, wie wir auf andere eingehen.

Das wird nicht leicht sein. Es fällt uns schwer, in den Spiegel zu schauen und zuzugeben: »Ich war unbeherrscht, als ich das tat. Das kleine Kind in mir hat die Herrschaft übernommen.« Das kann so schmerzlich sein, daß man einen Seelsorger aufsuchen muß, der einem dabei hilft, sich selbst zu erkennen. Bilden Sie sich keine Probleme ein, wo keine sind! Aber haben Sie auch keine Angst davor, sich ihnen zu stellen, wenn es sie tatsächlich gibt.

Oft spreche ich mit Christen, die von ihren wunderbaren Erfahrungen im Glaubensleben reden, im Alltag aber mit Niederlagen zu tun haben, die sich schädlich auf den Einfluß auswirken, den sie auf andere haben. Gott will nicht, daß wir so weiterleben. Er möchte nicht, daß wir ständig mit Niederlagen zu tun haben. Er möchte uns vielmehr Heilung und Hilfe, Reinigung und Sieg zuteil werden lassen. Durch die Kraft seines Geistes möchte er uns dazu befähigen, das Kind in uns aus unserer Vergangenheit abzulegen.

Ich werde nie vergessen, was mir einmal jemand am Ende einer seelsorgerlichen Aussprache sagte: »Wenn das, was Sie sagen, wahr ist, dann habe ich eigentlich noch nicht begonnen zu leben. Ich muß zurückgehen und wieder geboren werden und ganz von vorne anfangen.« Vielleicht brauchen Sie eine solche Neugeburt und eine Befreiung von der Gefangenschaft des Kindes in uns aus unserer Vergangenheit. Gott sei Dank ist das seine Absicht, koste es, was es wolle!

»Simon Petrus folgte Jesus nach und ein anderer Jünger. Dieser Jünger war dem Hohepriester bekannt und ging mit Jesus hinein in den Palast des Hohepriesters, Petrus aber stand draußen vor der Tür…

Da sprach die Magd, die Türhüterin, zu Petrus: ›Du bist doch auch einer der Jünger dieses Mannes?‹ Er sprach: ›Ich bins nicht.‹

Es standen aber die Knechte und Diener und hatten ein Kohlefeuer gemacht, denn es war kalt, und wärmten sich. Petrus aber stand bei ihnen und wärmte sich… Da sprachen sie zu ihm: ›Bist du nicht seiner Jünger einer?‹ Er leugnete aber und sprach: ‚Ich bin's nicht.‹ Einer der Knechte des Hohepriesters, ein Verwandter dessen, dem Petrus das Ohr abgehauen hatte, sagte: ›Sah ich dich nicht im Garten bei ihm?‹ Da leugnete Petrus abermals, und alsbald krähte der Hahn…

Die anderen Jünger aber kamen auf das Schiff (denn sie waren nicht fern vom Land, sondern ungefähr 100 Meter entfernt) und zogen das Netz mit den Fischen. Als sie nun austraten auf das Land, sahen sie Kohlen gelegt und Fische darauf und Brot… Jesus sagte zu ihnen: ›Kommt und haltet das Mahl.‹

Als sie nun das Mahl gehalten hatten, sagte Jesus zu Simon Petrus: ›Simon Jona, hast du mich lieber als diese mich haben?‹… Er sprach wiederum zu ihm: ›Simon Jona, hast du mich lieb?‹ Er sagte zum dritten Mal zu ihm: ›Simon Jona, hast du mich lieb? Petrus wurde traurig, daß er zum dritten Mal zu ihm sagte: ›Hast du mich lieb?‹ Und er sagte zu ihm: ›Herr, du weißt alle Dinge, du weißt, daß ich dich liebhabe.‹« (Johannes 18, 15-18; 25-27 und 21, 8-9, 12, 15-17)

Kapitel 2

Die Heilung der Erinnerungen

Ich bin weder Berufstheologe noch ein Psychiater. Ich bezeichne mich als evangelistischen Pfarrer und Seelsorger. Deshalb kann ich Ihnen nicht alle fachgerechten Auskünfte über das Verhältnis der Erbsünde zu einem geschädigten Gefühlsleben erteilen. Ich kann Ihnen auch nicht die ganzen Unterschiede zwischen einer fleischlichen Gesinnung und einem in Unordnung geratenen Gefühlsleben aufzeigen. Als ich einmal über das Kind in uns aus der Vergangenheit gepredigt hatte, zog mich ein Gemeindeglied, das diese Predigt gehört hatte, mit folgenden Worten auf die Seite: »Herr Pfarrer, vorher habe ich immer gehört, es sei unser alter Mensch, der alte Adam in uns, und jetzt sagen Sie, daß ein kleines Kind in mir mich in Not bringt.«

Ich kenne die genauen theologischen Antworten diesbezüglich nicht alle. Wenn ich aber die Schriften der Theologen und die Lebensbeschreibungen bevollmächtigter Christen lese und meinen eigenen geistlichen Werdegang ehrlich betrachte, dann weiß ich jedoch das eine genau, daß es in dem Vollkommenen viele Unvollkommenheiten gibt. Umgekehrt können in einer unvollkommenen Ausdrucksweise durchaus lautere Absichten enthalten sein. Der König David betet: »Wer kann merken, wie oft er fehle? Verzeihe mir die verborgenen Fehle! Bewahre auch deinen Knecht vor den Sünden der Anmaßung, laß sie nicht über mich herrschen, dann werde ich aufrichtig sein und unschuldig vor einer großen Übertretung« (Psalm 19, 12-13 wörtl. nach der Engl.)

DAS UNTERBEWUSSTSEIN

Es liegt auf der Hand, daß wir mit diesem lästigen Kind in uns aus unserer Vergangenheit am ehesten da beginnen, wo es sich wirklich bemerkbar macht – in unseren Erinnerungen. Abhandlungen über das Unbewußte finden interessierte Leser. Doch ich meine, wir haben da wohl des Guten zu viel getan. Ich spreche lieber vom Unterbewußtsein oder vom Vorbewußtsein.

Meiner Meinung nach liegt der Grund, weshalb man das Unbewußte so stark überbetont, darin, daß man eine Entschuldigung sucht, einen Ausweg aus der Verantwortung für sein eigenes falsches Verhalten. Wenn wir dennoch an dieser Bezeichnung festhalten, sollten wir uns aber daran erinnern, daß das Unbewußte keine einheitliche Größe und keine Sache an sich ist. Das Unbewußte ist eine Bezeichnung die versucht, die Tiefen unserer Persönlichkeit darzustellen. Wie auch immer wir die unterbewußte Ebene unserer Persönlichkeit bezeichnen mögen, Tatsache ist, daß wir nie etwas von dem vergessen, was wir erleben.

Obwohl wir nicht in der Lage sind, alles in unserem Leben bewußt zu behalten, lebt alles, das uns je über den Weg gelaufen ist, in unserer Erinnerung weiter. Es liegt verborgen im Vorratsraum unseres innersten Wesens. Das ist wundervoll und schrecklich zugleich. Es ist das Elend und zugleich die Größe unseres Menschseins. Das Allergrößte aber ist, wenn wir dem Heiligen Geist gestatten, bis in das tiefste Innere unseres Wesens einzudringen, bis in den Vorratsraum unseres Erinnerungsvermögens, um diesen Teil unseres Wesens zu einem der schöpferischsten Gebiete unserer Persönlichkeit werden zu lassen.

Lange schon habe ich entdeckt, wie erstaunlich die Kraft des Unterbewußtseins mir dazu verhalf, meine Predigten vorzubereiten. Ich habe herausgefunden, wenn ich Wochen und Monate im voraus bestimmte Grundgedanken der Bibel in meinem Innersten speicherte, daß dann nicht nur der Prediger an seiner Predigt arbeitet. Die Predigt arbeitet auch am Prediger! Mein Unterbewußtsein ist mit Gottes Wort befrachtet, selbst wenn ich mich mit anderen Dingen befasse. Vielleicht sind Sie sehr beschäftigt und haben nur wenig Zeit. Wenn Sie aber in sich Gedanken speichern, dann wird Ihr Inneres für Sie daran arbeiten. Und wenn wir es dann brauchen, wird uns bewußt und lebendig, was tief in unserem Wesen und in unserem Erinnerungsvermögen angelegt war.

Eines Abends im Oktober 1920 arbeitete in Toronto Dr. Frederik Banting an seiner Vorlesung für den nächsten Tag. Er war ein junger Chirurg mit nur geringer Berufserfahrung und studierte die

Literatur über Zuckerkrankheit. Sie war nur gering. Zu jener Zeit besaß die medizinische Wissenschaft kein Mittel, um der gefürchteten Krankheit Herr zu werden. In Bantings Kopf jagten sich widersprüchliche Theorien und Berichte von Experimenten mit Hunden. Zu später Stunde stieg er müde ins Bett, um plötzlich um zwei Uhr früh zu erwachen. Sein Unterbewußtsein hielt ein paar Gedanken für ihn bereit. Er stand auf und schrieb sich drei kurze Sätze in sein Notizbuch, dann legte er sich wieder schlafen. Diese drei kurzen Sätze führten zur Entdeckung des Insulins. Bantings Unterbewußtsein hatte die Lösung hervorgebracht, während sein Oberbewußtsein das nicht vermochte. So erhielten Millionen von leidenden Menschen Hoffnung und Leben.

Aber das Unterbewußtsein kann auch ein schrecklicher Quälgeist sein, denn in ihm liegt eine ungeheure Kraft, Unheil und Böses hervorzubringen. Das bezieht sich vor allem auf schmerzliche Erinnerungen aus der Kindheit. Sie liegen in unserem Herzen lebendig begraben und behalten eine erstaunliche Sprengkraft.

Wir meinen zwar, wir seien von diesen anscheinend vergessenen Quälgeistern frei, aber das ist nicht der Fall. Die unguten Erinnerungen lassen sich nicht in einer friedlichen Weise versenken wie angenehme Erinnerungen. Wir müssen immer wieder die Tür zuschließen, um nur ja nicht diese schmerzlichen Erinnerungen in unser Bewußtsein vordringen zu lassen. Da sie nicht durch die Tür unseres Wachbewußtseins eindringen können, verkleiden sie sich und versuchen, sich durch eine andere Tür wieder in unser Leben zu drängen.

Die große Anstrengung, die erforderlich ist, diese Erinnerungen unter der Oberfläche unseres Wachbewußtseins zu halten, zehrt ständig an unseren Kräften. Manche von uns sind morgens, wenn sie aufstehen, ebenso müde wie abends, als sie ins Bett gingen, obwohl sie acht Stunden geschlafen haben. Warum? Die ganze Nacht lang hat tief im Inneren unseres Wesens der Kampf getobt und beständig unsere Kräfte gefordert.

Manche Menschen leben jahrelang mit den ungelösten Spannungen schmerzlicher Jahre, und währenddessen wächst die Last beständig. Wenn man dann mit seiner Ausdauer am Ende ist und seine Kräfte erschöpft sind, wird man zu einem bevorzugten Kandidaten für eine seelische Krise. Wenn man dazu noch durch körperliche Erschöpfung, Krankheit oder einen seelischen Schock geschwächt ist und etwas eintritt, was sich mit einem schmerzlichen Ereignis aus der Vergangenheit deckt, werden diese verborgenen Erinnerungen mit schrecklicher Wucht frei. Die untergetauchten Gefühlserlebnisse tauchen auf und machen sich in Gefühlen einer tiefen Depression, in Wut, unstillbarer Lust, in Minderwertigkeitsgefühlen, in Furcht, Einsamkeit und Verlassenheit bemerkbar.

Diese schmerzlichen Erinnerungen werden durch eine Hinwendung zu Christus nicht automatisch überwunden oder umgestaltet. Sie ändern sich auch nicht unbedingt, wenn man geistlich wächst. Ja, solche Erinnerungen sind vielmehr oft ein großes Hindernis für ein Wachstum im Glauben. Und ein Mensch gelangt eigentlich erst dann zur Reife, wenn er von ihnen loskommt. Es ist so, als stecke ein Teil seines Wesens in einem Gefrierschrank oder in einer Zeitmaschine. Sein Körper reift heran und sein Verstand entwickelt sich, aber dieses eine bestimmte Gebiet ist eingefroren. Er bleibt ein kleiner Junge, sie ist immer noch ein kleines Mädchen, und sie bleiben gefangen auf der Kindesstufe des Lebens.

Es sieht leider so aus, als ob solche Erinnerungen von der normalen Form unserer Gebete unberührt bleiben. Manchmal scheint es gar so, als ob Beten den Schmerz noch verschärft. Man kommt sich so vor, als stecke man in Treibsand; je mehr wir kämpfen und ringen, desto tiefer sinken wir ein. Meiner Überzeugung nach bedarf es in einer solchen Lage einer besonderen Gebets- und Heiligungsgemeinschaft. Das Verwirrende daran ist, daß mit einem so belasteten Menschen in seinem gegenwärtigen Leben oft alles in bester Ordnung ist. Wenn Freunde dafür kein Verständnis aufbringen, stempeln sie ihn bekanntlich mit folgenden Worten ab: »In deinem Leben liegt eine Sünde vor« oder »Du hast dich einer Übertretung schuldig gemacht«. Solchen Menschen wird dann eingeimpft, sie hätten sich vor Gott eines Ungehorsams schuldig gemacht, obwohl doch vielleicht das Gegenteil der Fall ist. Es sind manchmal gerade die feinsten, aufrichtigsten gläubigen Christen, die sich die allergrößte Mühe geben. Sie lesen, sie beten, sie kämpfen mit ihren Verklemmungen. Das alles bringt sie nur noch in tieferes Leid, so daß sie enttäuscht werden und manchmal am Leben verzweifeln.

Stempeln Sie doch bitte niemals jemand in dieser Weise ab! Mit seinem gegenwärtigen Erwachsenendasein ist alles in Ordnung. Was nicht stimmt, ist das Kind, das er einmal war und das noch in ihm lebt, das tief in seinem Inneren verborgen liegt, ohne sich artikulieren zu können, bis sich etwas ereignet, das es an die Oberfläche holt und ihm die Herrschaft überträgt.

HEILSAMES BETEN

Was läßt sich in solch einer Lage tun? Oft ist es erforderlich, für die Heilung der Erinnerungen zu beten – das Geheiltwerden von dem kleinen Kind oder dem Jugendlichen, der bestimmte Erlebnisse hatte, die sein Wachstum hemmten, die ihn gefangen legten, die ihn auf einer bestimmten Wachstumsstufe gefrieren ließen. Alle diese Erinnerungen müssen vor Gott in einem Gebet um Heilung ausgebreitet werden, damit der Betreffende von seinen Schmerzen und von seinen Zwangsgefühlen befreit werden kann.

Vielleicht fragen Sie: »Was geschieht dann? Wird er sich dann nicht mehr an diese Dinge erinnern? Werden seine Erinnerungen ausgelöscht sein?« Gewißt nicht! Aber die Macht der Gefühlswallungen, von denen diese Erinnerungen begleitet sind – die Stiche, die Schmerzen, die Furcht, der Haß, die tiefe Not, die Last – die wird zerbrechen. Wenn wir sie *kartagein,* dann verlieren sie an Wucht und an Gewicht. Ihnen wird die Lebensfähigkeit entzogen, so daß sie im Erwachsenenleben nicht mehr wirksam und entwicklungsfähig sind.

Hier mag man fragen: »Wie ist so etwas möglich? Diese Kindheitserlebnisse sind doch schon lange vorüber. Sie haben sich vor vielen, vielen Jahren abgespielt. Wie können unsere heutigen Gebete noch das Kind in uns aus der ach so fernen Vergangenheit erfassen? Das gibt doch gar keinen Sinn!« Darauf möchte ich mit den Worten Jesu antworten: »Ihr irrt euch und kennt weder die Schrift noch die Kraft Gottes« (Matth. 22,29).

Die Schrift hebt immer wieder hervor, daß Jesus Christus über der Zeitlichkeit steht. »Jesus Christus, gestern und heute und derselbe auch in Ewigkeit« (Hebr. 13,8). Johannes der Täufer bezeugt von Jesus: »Er ist der, von dem ich gesagt habe: Nach mir wird derjenige kommen, der vor mir gewesen ist, denn er war eher als ich« (Joh. 1,15). Die Juden sagten einmal im Spott zu Jesus: »Du bist noch nicht fünfzig Jahre alt, und hast Abraham gesehen?« Jesus antwortete ihnen: »Wahrlich, wahrlich ich sage euch, ehe Abraham war, bin ich« (Joh. 8,57-58).

Jesus von Nazareth ist der ewig lebendige Christus, der die Zeitschranke durchbrach und in die Geschichte eintrat. Er lebte dreiunddreißig irdische Jahre lang in unserer Zeit. Aber die Zeit ist ein begrenzter Raum. In ihr erleben wir alle die Wirklichkeit – in Abschnitten, in Teilen. Wir teilen die Zeit ein in Vergangenheit, Gegenwart und Zukunft. Aber Christus steht über zeitlichen Begrenzungen. »Du bist Gott von Ewigkeit zu Ewigkeit..., denn tausend Jahre sind vor dir wie der Tag, der gestern vergangen ist« (Psalm 90,2,4). So ist unser Herr unser ewiger Zeitgenosse, der auch mit dem kleinen Kind in uns fertig werden kann, das uns solche Not macht. Jesus kann es liebevoll in seine Arme nehmen. Er kann das Kind trösten und liebhaben, das so sehnsüchtig nach Liebe verlangte, aber keine bekam. Er kann das kleine Kind verstehen, das sich so nachdrücklich nach Verständnis sehnte, aber es nicht erhielt. Er kann dieses Kind so sehr mit der bedingungslosen, hingebenden Liebe erfüllen, die es so dringend brauchte, aber nie erlebte. Er kann dem schuldig gewordenen, schamerfüllten kleinen Kind so vergeben, wie es damals sehnsüchtig nach Vergebung ausschaute, und ihm Mut zusprechen und die Gefühle von Schmutz und Selbstverdammung durch Gefühle der Tüchtigkeit und Sauberkeit ersetzen. Ja Jesus, der mitfühlende und ewig lebendige Hirte, kann die Lämmer in seine Arme nehmen und ihre gequälten, von Dornen geplagten Erinnerungen heilen.

Meine Erfahrung ist die, daß das Kind in uns aus der Vergangenheit, das am dringendsten der Heilung bedarf, meistens einer der folgenden vier Gruppen zuzurechnen ist: das notvolle Kind, das hassende Kind, das gedemütigte Kind oder das erschreckte Kind. Die Erinnerungen, die uns zu überwältigen und zu zerstören drohen und die eine fast hypnotische Sogwirkung ausüben, sind Erinnerungen, die tief in der Seele Schmerzen verursachen: Sie bestehen aus Groll, Haß, Furcht oder Scham. Manchmal sind sie alle schrecklich miteinander vermischt. Häufig ist geschlechtlicher Mißbrauch im Kindesalter in solche Erinnerungen verwoben – Gewaltanwendung, Homosexualität, Betrug oder Blutschande. Und so erleben manche Menschen, die in ihrem gegenwärtigen Leben aufrichtige Christen sind, einen fast hypnotischen, drängenden und zwingenden Sog in ihrem Leben. Ihre Vorstellungswelt malt schreckliche Bilder an die Wände ihres Gemüts und treibt sie in Schuld und Depressionen, ja zu fast selbstzerstörerischen Handlungsweisen. Oder sie haben ein tiefsitzendes Mißtrauen und eine Ablehnung gegen alles Geschlechtliche, die sie daran hindern, sinnerfüllte Beziehungen zu ihrem Ehepartner zu pflegen.

MIKE

Ich möchte Sie an einigen Erfahrungen teilhaben lassen, die ich mit Menschen hatte, mit denen ich um die Heilung ihrer Erinnerungen betete. Mike war ein ganz dem Herrn ausgeliefertes Gotteskind, ein Jugendleiter, ein von seinen Aufgaben erfüllter Sonntagsschullehrer, den seine Schüler sehr gern hatten. Und dennoch gab es in seinem Glaubensleben tiefe Anfechtungen. Er konnte nie so recht erfassen, daß Gott ihn liebte. Hin und wieder überfielen Mike starke Gefühle der Wut, der Bitterkeit und der Begierde. Auf diese folgten dann Schuldgefühle, Depressionen und ein Gefühl, von Gott verlassen zu sein.

Er kam mehrere Male zu mir in die Seelsorge, und wir versuchten es mit den üblichen Gebeten. Doch er fand keine richtige Befreiung. So erklärte ich Mike eines Tages den Begriff der Heilung der Erinnerungen. Ich lieh ihm einige Bücher und Tonbänder und bat ihn, die notvollsten und schmerzlichsten Erinnerungen, die ihm beim Lesen und Hören in den Sinn kamen, niederzuschreiben.

Als ich schließlich meinte, daß er für diese besondere Gebetszeit bereit sei, kamen wir zusammen, um ungestört und ohne Hast für das Wirken des Heiligen Geistes offen zu sein. Wir begannen ein offenes Gebet in Gesprächsform, wobei wir lediglich miteinander und mit Gott redeten und uns daran erinnern ließen, daß Gott selbst in dem Raum gegenwärtig ist.

Während wir uns so verhielten, stiegen mehrere Bilder in Mikes Erinnerung hoch, von denen eines eine sehr erdrückende, zermürbende und quälende Szene war. Diese Erinnerung stand ganz und gar im Mittelpunkt seines Kindheitserlebens, sie war so beherrschend, daß er Alpträume hatte, wenn er daran dachte. Mikes Vater meinte es zwar gut und war sehr aufrichtig, aber er pflegte sehr streng zu züchtigen. Um Mike zu bestrafen, wenn er eine kindliche Torheit begangen hatte, schloß ihn sein Vater stets in einen kleinen Raum in der Scheune ein. Dort schlug er ihn dann so heftig, daß Mike zuletzt um Erbarmung schrie, indem er nach seiner Mutter und nach seinen Geschwistern rief, sie möchten doch kommen und ihn herauslassen. Er lief dann zum Scheunentor, aber sein Vater war immer vor ihm da und stellte sich ihm am Tor in den Weg. Dann befahl er Mike: »Sag, daß es dir leid tut!« Das forderte er so oft, bis der hysterische kleine Junge schließlich sagte, daß es ihm leid täte. Dann zwang sein Vater Mike dazu, ihn zu umarmen und zu küssen. Als wir miteinander beteten und Mike diese Erinnerung im Gebet vor den Herrn brachte, kamen alle die Gefühlsregungen, die er damals hatte, wieder in ihm hoch! Der ganze Groll, die ganze Not und die schreckliche Angst zeigten sich in seiner Stimme. Ich wußte nicht, was ich sagen oder wie ich beten sollte, deshalb wartete ich einfach darauf, daß der Heilige Geist mich leiten würde, und bat ihn, in mir und durch mich zu beten.

Plötzlich kam mir die Erleuchtung. Ich sah den kleinen Mike in dieser schrecklichen Scheune. Ich spürte, er war immer noch gefühlsmäßig in der Scheune, er war niemals aus dem Tor in die Freiheit getreten. Er hatte fünfzehn Jahre in dieser Scheune zugebracht, ohne an seinem Vater vorbei und aus dem Tor herauszukommen. Tief in seinem Innern schrie er immer noch voll Angst und vor Wut kochend.

So betete ich:

»Herr Jesus, wir sind zusammen in der Scheune. Nimm diesen kleinen Jungen in deine Arme, trockne seine Tränen, beschwichtige seine Angst, reinige ihn von seinem Haß. Herr, vor allem öffne die Tür und laß ihn heraus!«

Als ich das sagte, begann Mike unkontrollierbar zu schluchzen.

Ich fuhr fort: »Herr, Mike hat noch nie den blauen Himmel gesehen. Er hat noch nie in deiner Liebe und in deiner Freiheit gelebt. Er ist noch in der Scheune eingeschlossen. Öffne ihm jetzt die Tür und laß ihn hinaus – befreie ihn bitte!«

Während wir beteten, geschah es. Es war so, als ob Jesus den Teppich der Zeit zurückrollte und geradewegs in die Scheune eintrat. Er nahm den ängstlichen Jungen in seine Arme und tröstete ihn, hatte ihn lieb und heilte ihn. All die Narben und Wunden wurden von der Salbe in Gilead hinweggenommen. Dann erlebten wir, wie die Tür aufging und Jesus das ängstliche, verstörte und haßerfüllte Kind aus der Scheune heraus unter den blauen Himmel und in die reine Luft der Liebe Gottes führte.

ANNE

Ich habe mich oft wie Nikodemus gefragt: »Kann ein Mensch wirklich von neuem geboren werden, wenn er alt wird?« Ich möchte Ihnen nun von Anne erzählen, einer verheirateten Frau in der Mitte der Vierziger, die nach einer meiner Versammlungen zu mir kam. Sie hatte mehrere Kinder im heranwachsenden Alter, ihre Ehe drohte zu scheitern, weil sie unter schrecklichen inneren Spannungen litt und diese auf ihre Familie übertrug. Als sie zu mir in die Seelsorge kam, merkte ich, daß sie eine aufrichtige Frau war, die viele Stunden lang über ihren Nöten gebetet hatte. Wir sprachen einige Male miteinander, und ich gab ihr einige Bücher zu lesen. Das half ihr, offen zu mir zu werden und mir vieles mitzuteilen, worüber sie vorher noch nie gesprochen hatte. Als ich meinte, daß Anne so weit sei, beteten wir zusammen um ihre Heilung. Sie legte ihre schrecklichen Kindheits- und Jugenderinnerungen vor Gott. Ihr Vater war ein Alkoholiker, der ausfällig wurde, sich ihr sexuell näherte und dann ihr Familienglück zerstörte und schließlich im Selbstmord endete.

Wir beteten darum, daß diese Jugenderinnerungen so tief wie möglich geheilt und ihr ganzes aus den Fugen geratenes Gefühlsleben gereinigt werden möge. Es sah aber so aus, als würde sich durch unser gemeinsames Gebet nichts ändern. Ich sah sie ungefähr zwei Wochen lang nicht. Dann erzählte sie mir folgende überaus erstaunliche Geschichte, und wir wußten, daß Gott unsere Gebete erhört hatte.

Folgendes war geschehen: Ungefähr eine Woche nachdem wir gebetet hatten, wachte sie eines Morgens sehr früh auf. Sie konnte nicht wieder einschlafen, deshalb betete sie. Sie sagte, ihr sei so gewesen, als ob Christus selbst in das Schlafzimmer gekommen sei, sie gerufen und zu ihr gesagt habe: »Komm, Anne, faß mich bei der Hand. Ich möchte, daß wir dein Leben noch einmal durchgehen.« –

»Herr, das halte ich nicht noch einmal aus. Es fiel mir schon so schwer, mit dem Pfarrer darüber zu sprechen.«

»Anne, dieses Mal wird es anders. Ich bin bei dir auf jedem Schritt, den du gehst.«

Anne beschrieb dann diesen Gang, den sie an der Hand Jesu gemacht hatte, in höchst ungewöhnlicher Form. Sie standen beide in einer großen Gemäldegalerie, in der jedes schmerzliche Erlebnis als Bild an der Wand hing. So standen sie vor jeder lebhaften Erinnerung wie vor einem Gemälde. Und als sie sich eins nach dem anderen ansah, überkamen sie alle die Gefühle wieder, die sie früher durchlitten hatte. Von neuem durchlebte sie die Angst, die Schmerzen, die Scham und die Wut, die an diesen gräßlichen Erinnerungen hafteten. Jedesmal weinte sie bittere Tränen und jedesmal sagte eine innere Stimme: »Mein Kind, liefere es nur mir aus; vergib den Beteiligten und empfange Vergebung für deine eigenen Haß- und Rachegefühle!« Und während sie jede Erinnerung dem Herrn auslieferte, war es ihr, als ob Jesus die Hand ausstreckte und ein Bild nach dem anderen von der Wand abnahm, bis sie sich schließlich umschaute und alle Bilder weg und die Wände ihres Innenlebens rein und heil waren. Die kochende Bitterkeit und der giftige Groll waren aus diesen zerstörerischen Erinnerungen entfernt.

Dieses aufregende Erlebnis fand vor vielen Jahren statt, und obwohl in der Folgezeit noch viele Dinge umgestellt werden mußten, war das ganz deutlich der Anfang ihrer Heilung. Ein Bericht über ihren körperlichen und seelischen Gesundheitszustand, der später erstellt wurde, bestätigte das. Ihre Rettung und ihre Verwandlung ist für ihren Mann, für ihre Familie und für ihre Mitarbeiter eine sprudelnde Quelle der Freude.

PETRUS

Mike und Anne brauchten Heilung für Erinnerungen aus ihrer Kindheit und Jugendzeit. Oft jedoch liegt die schmerzliche Erinnerung kürzer zurück und bildet bereits einen Teil des Erwachsenenlebens. Das gilt insbesondere für einige der schmerzlichsten Gefühle im Zusammenhang mit den Tragödien, bei denen es sich um das Geschlechtliche, um Gewaltanwendung und um das Gefühl des Verrats bei einer Ehescheidung handelt. Hier gelten dieselben Regeln, bei denen die gewöhnlichen Formen des Betens versagen. Das beste biblische Beispiel hierfür ist, wie Jesus auf die Verleugnung des Petrus eingeht und ihm zurechthilft.

In diesem Zusammenhang finden wir die einzigen Stellen im neuen Testament, wo das Wort für »Kohlefeuer« vorkommt. Das ist gewiß mehr als bloßer Zufall. Es liegt klar auf der Hand, daß Jesus ganz bewußt den Schauplatz seiner Unterredung mit Petrus am Morgen seiner Auferstehung an die Küste verlegt. Petrus hatte, als er im Hof des Hohenpriesters bei einem Kohlefeuer stand, ihn dreimal verleugnet. Nun wird er dreimal darum gebeten, seine Liebe und seine Ergebenheit zu bezeugen. Jedermann kennt diese Stelle. Doch man scheint dabei die Tatsache aus den Augen zu lassen, daß Jesus dem Gespräch einen besonderen Hintergrund dadurch gibt, daß er ihn die Szene seiner Verleugnung noch einmal durchleben läßt. Die Erinnerung an das im Hof brennende Kohlefeuer hatte sich im Gewissen und im Gedächtnis des Petrus brennend wie Feuer eingegraben. Am See nun führt der Meisterpsychologe Petrus dahin, daß ihm seine schmerzlichste Erinnerung wieder lebendig wird. Jesus gebrauchte ein Kohlenfeuer dazu, um bei Petrus den Schmerz und die Schande herauszuätzen und zu heilen. So wurde bei Petrus diese heißglühende Erinnerung nicht zu einem, ihn sein Leben lang belastenden Fluch, sondern zu einem Funken, der in ihm eine noch tiefere Hingabe, ja eine Hingabe bis zu dem Tode entfachte.

DAS GEBET DES GLAUBENS

Ich weiß, daß man den Eindruck bekommen kann, als handle es sich in dem Gebet des Glaubens um ein Schnellverfahren. Es ist nicht als Heilungsprozeß zu betrachten, und diese Art von heilendem Gebet läßt sich nicht verallgemeinern. Dennoch ist es für manche eine große Hilfe. Es hängt wohl hauptsächlich davon ab, wie unsere Lebensumstände beschaffen sind. Ich bin ganz gewiß, daß der Heilige Geist es bei denen zum Segen werden läßt, die eine tiefere Form einer Heilungserfahrung brauchen. Eine solche Erfahrung kann sich zwar auch einstellen, wenn man allein ist, aber das ist normalerweise nicht der Fall. Es geht hier um die Form der Heilung, von der Jakobus in seinem Brief spricht. »Bekenne einer dem anderen seine Sünden und betet füreinander, daß ihr heil werdet. Das Gebet des Gerechten vermag viel, wenn es ernstlich ist« (5,16). Zur Heilung von Erinnerungen ist normalerweise ein ganz tiefes Offensein und die Gegenwart eines anderen Menschen erforderlich, und dieser andere sollte für uns im Glauben beten können. Wir sind nämlich so untrennbar mit unserem Erleben aus der Vergangenheit verflochten, daß wir allein gar nicht fähig sind, bis zu den inneren Schichten vorzudringen, in denen sich das Kind aus unserer Vergangenheit aufhält.

Wir sollten uns Zeit nehmen, um uns zurüsten zu lassen und ein Offensein für den heiligen Geist erlangen, damit er uns neue Einsichten und den Mut schenkt, unsere ablehnende Haltung aufzugeben. Ein solches Gebet sollte man mit jemand zusammen sprechen, dem man vertraut und den man achtet und von dem man glaubt, daß er für uns das Gebet des Glaubens sprechen kann.

Es ist oft hilfreich, wenn wir eine Liste der Bereiche unseres Lebens aufstellen, die der Reinigung und Heilung bedürfen – alles das, was sich in uns erhebt, um uns zu beruhigen. Erinnerungen, die von starken seelischen Erregungen begleitet sind. Lassen wir dabei nichts aus, wie unbedeutend, geringfügig oder sogar töricht es uns auch erscheinen mag, und öffnen wir unser Herz dem durchdringenden Blick des Heiligen Geistes. Seien wir nicht überrascht, was uns dabei so alles in den Sinn kommt.

Paul Tournier sagt, daß ein solches inneres Forschen so ist, als beträte man ein dunkles Zimmer. Zuerst sehen unsere Augen nur die auffälligsten und hervorstechendsten Gegenstände. Wenn sich unsere Augen aber mehr an das Dunkel gewöhnt haben, merken wir, daß das ganze Zimmer von einer erstaunlichen Menge von Gegenständen gefüllt ist. Fürchten Sie sich nicht! Danken Sie ihm für jede neue Einsicht, wie schmerzlich sie auch ist. Beten Sie mit einem Menschen, zu dem Sie Vertrauen haben und der auch wirklich das Gebet des Glaubens sprechen kann. Bekennen Sie vor Gott jedes Gefühl, jede seelische Regung, die Sie bei der Wiedergabe dieser Erinnerungen erfahren. Wenn Sie sich an etwas Neues erinnern, unterbrechen Sie das Gebet sofort und teilen es mit. Dann wird Ihnen der Heilige Geist einen tieferen Einblick in Ihr Inneres schenken, wo Sie tatsächlich der Heilung bedürfen.

Denken Sie daran: Christus lebt! Er ist gegenwärtig. Und weil er die Zeitlichkeit durchbricht, ist er auch an der Stelle, wo Ihnen das schmerzliche Erlebnis zugestoßen ist. Bekennen Sie ihm jedes Erlebnis, jedes Gefühl, jede Einstellung und liefern Sie ihm alles aus. Lassen sie ihn lieben, trösten und Ihnen vergeben. Lassen Sie ihn Sie von ihren Haßgefühlen reinigen, Ihre Nöte lindern und Ihre Ängste beseitigen. Dann vergeben Sie anderen, so wie er Ihnen vergibt. Lassen Sie anstelle des Hasses die Liebe Christi herrschen. Lassen Sie statt Ihrer verletzten Gefühle und Ihres Selbstmitleides die Kraft Christi herrschen! Seien Sie dabei nicht in Eile. Nehmen Sie sich viel Zeit zu einem ungestörten Gebet ohne jede Hast!

Wenn Sie der sind, der das Glaubensgebet mit anderen spricht, dann verbinden Sie Ihr Gebet mit dem heiligen Geist. Das ist nicht leicht. Baron von Hügel spricht von der »Nervenkraft, die ein Fürbittegebet kostet«. Solch ein Gebet kostet Zeit und Kraft. Lassen Sie sich so vom Herrn mit Verständnis und Mitgefühl ausrüsten. So kann der Geist durch Sie beten und Ihnen die Worte in den Mund legen, die Ihnen fehlen. Wenn der Heilige Geist Sie im Sinne von Jakobus 5 führt, legen Sie dem anderen die Hände auf, ja salben Sie sie ihn mit Öl. Gehorchen Sie dem Geist mit Gebet und Sorgfalt ohne Zweifel und Angst. Was sie während dieser Zeit fühlen, ist nicht so wichtig wie ihre Glaubenszuversicht. Vielleicht hat Ihr Freund keinen großen Glauben, deshalb brauchen Sie Glauben für sie beide.

Als die vier Jünger den Gelähmten durch das Dach vor Jesus

niederließen, sah er ihren Glauben an und heilte den Mann (Lukas 5,19-20).

Jesus sagte zu Jairus wegen seiner kranken Tochter:

»Fürchte dich nicht, glaube nur, so wird sie heil werden« (Luk. 8,50). In diesen und anderen Fällen brachte eigener Glaube für einen anderen Menschen Heilung.

Schließlich: Schreiben Sie dem Heiligen Geist nicht vor, wie er sein Werk zu vollführen hat. Vielleicht sind mehrere solcher Gebete nötig, wobei der heilige Geist jedesmal eine Schicht wegnimmt. Das kann plötzlich in einem großen Erleben von Sieg und Befreiung geschehen. Es kann aber auch mehrere Tage oder sogar Wochen später geschehen. Vielleicht führt es den betreffenden Menschen zu einem anderen Heilungserleben – darauf kommt es gar nicht an. Gott aber wird das Glaubensgebet für den betreffenden Menschen erhören.

»So ist nun nichts Verdammliches mehr für die, die in Christus Jesus sind. Denn das Gesetz des Geistes, der da lebendig macht in Christus Jesus, hat mich freigemacht von dem Gesetz der Sünde und des Todes...
Was sollen wir nun hierzu sagen? Ist Gott für uns, wer kann gegen uns sein? Welcher auch seines eigenen Sohnes nicht hat verschont, sondern hat ihn für uns alle dahingegeben; wie sollte er uns mit ihm nicht alles schenken? Wer will die Auserwählten Gottes beschuldigen? Gott ist hier, der gerecht macht. Wer will verdammen? Christus ist hier, der gestorben ist, ja vielmehr, der auch auferweckt ist, welcher ist zur Rechten Gottes und vertritt uns.« *(Römer 8,1-2. 31-34)*

Kapitel 3

Ein Kindheitsmotto, das das Erwachsenenleben zerstört

Während einer Konferenz berichtete ein Pfarrer, daß es in seinem Glaubensleben jahrelang durch Kämpfe, über Höhen und durch Tiefen gegangen sei. Nach außen war er ein sehr angesehener Pfarrer, der schon Beachtliches geleistet hatte. Aber innerlich war er wie ein Jo-jo, das zwischen geistlichen Hochs und Tiefs hin- und herhüpfte. Oder wie eine Billardkugel, die von einer Seite zur anderen gestoßen wird, wobei er auf der einen Seite auf den Stolz stieß und auf der anderen auf die Selbstverurteilung, auf Schuld und Depressionen.

Brad erzählte uns folgendes:

»Vor einigen Jahren kam mir plötzlich wie ein Blitz eine Erleuchtung vom Heiligen Geist. Ich wurde plötzlich gewahr, daß mein Leben nicht wirklich von der Liebe zu Gott und zu den anderen Menschen beherrscht war. Stattdessen war mein Leben in den letzten neunundvierzig Jahren eigentlich von einem kleinen Kindheitsmotto bestimmt gewesen, das meine Eltern mir eingeprägt hatten. Es lautete: ›Streng dich an, es soll doch einmal etwas aus dir werden!‹«

Brad fuhr fort: »Meine Eltern wollten mir gewiß nicht diesen Eindruck hinterlassen, aber das, was ich von ihnen zu spüren bekam, war: ›Gewiß, wir haben dich lieb, aber wir würden dich noch mehr lieben, wenn du dich noch mehr anstrengst.‹«

Der Heilige Geist half Brad dazu, sich selbst zu sehen und die eigentliche Triebfeder seines Lebens zu erkennen. Er merkte, daß dieser Satz, den er aus seiner Kindheit mit sich schleppte, alle seine gegenwärtigen Lebensbeziehungen belastete, einschließlich seiner Beziehung zu Gott. Neunundvierzig Jahre lang hatte er nie den Eindruck gehabt, es sei wirklich etwas aus ihm geworden.

Wie genau doch diese Diagnose auf einige Menschen zutrifft! Anstatt nach der wunderbaren guten Nachricht des Evangeliums zu leben, lassen sie sich von einem Kindheitsmotto leiten. Manche von ihnen sind Fachleute, wenn es darum geht, die biblische Wahrheit zu bezeugen, aber in Wahrheit wird ihr Leben von einem Motto bestimmt, das ihnen das Gegenteil von der Wahrheit zudiktiert, die sie bezeugen.

Ist Ihr Leben auch von solch einem Kindheitsmotto bestimmt? Der Apostel Paulus sagt, daß wahre Kinder Gottes vom Heiligen Geist geführt und geleitet werden (Römer 8,9.14). Leitet und bestimmt der Heilige Geist Ihr Leben? Oder ist es ein unreifer, kindischer Geist aus Ihren früheren Jahren? Oder vielleicht ist es ein Gemisch aus beiden. Beide können sich so ineinander verstricken, daß man den Unterschied gar nicht mehr wahrnimmt. Was Sie für die Stimme Gottes halten, ist vielleicht nur die Stimme eines unreifen Gewissens, das uns ein Schuldgefühl eingeprügelt und uns in die Tyrannei der Selbstverdammung treibt.

»Streng dich an; es soll doch einmal etwas aus dir werden!« Das ist nicht der Gott, der uns in Jesus Christus entgegentritt. Es ist vielmehr ein Kindheitsmotto, das zu seinem Gott wurde und als rücksichtsloser Diktator seine Herrschaft ausübt.

Das ist der Götze des unreifen, kindischen und neurotischen Vollkommenheitsfanatikers. Es ist nicht der Gott des reifen Christen, der im Glauben die Vollkommenheiten Jesu Christi annimmt, so daß Vollkommenheit nicht mehr die Errungenschaft einer vollkommenen Leistung ist, sondern vielmehr das Geschenk einer rechten Beziehung zu Gott.

Beziehung? An genau dieser Stelle verdreht dieses Kindheitsmotto den Heilsplan Gottes. Auf diesem tödlichen Pfad zum Heil, den der Vollkommenheitsfanatiker einschlägt, ist Gott ein Tyrann, der immer mehr verlangt. Er ist wie Pharao, der zuerst sagt: »Macht mehr Ziegel!« und der dann verlangt: »Jetzt macht sie ohne Stroh!« Er möchte immer etwas mehr haben. Er ist nie ganz zufrieden mit dem, was ich heute bin, sondern er sagt stets: »Du hättest es noch besser machen können.« Der Gott dieses Mottos ist nicht der Vater-Gott, den uns Jesus Christus offenbart hat.

AUF BEDINGUNGEN AUFGEBAUTE BEZIEHUNGEN

Die Tragödie ist, daß so vieles davon in unseren Familien geschieht, sogar in den besten. Wir sind alle Sünder, und an keiner anderen Stelle brauchen wir Gottes bedingungslose Gnade mehr als in unserer Rolle als Eltern. Unsere Liebe ist so unvollkommen, so auf Bedingungen aufgebaut, so veränderlich, so voller Fehler. Und es gibt Fälle, wo die Bedingungsmäßigkeit dadurch noch weiter verschlimmert wird, daß wir in unserem Eifer unsere Kinder zu guten Christen machen wollen.

Ich habe einen jungen Freund. Als Kind wurde ihm das Motto: »Streng dich an, es soll doch noch einmal etwas aus dir werden!« von seinen Eltern eingetrichtert. Er dachte, das sei die Grundlage dafür, daß er geliebt und angenommen würde. Und weil er ein Gefühl des Angenommenseins und des Geliebtseins brauchte, versuchte er seinen Eltern zu gefallen. Aber sie waren so, wie wir bisweilen alle sind. Wir halten unsere volle Zuneigung und Liebe so geschickt zurück, bis wir sehen, daß unsere Kinder sich die allergrößte Mühe geben. Anstatt ihnen auf der Stufe Mut zuzusprechen, auf der sie gerade stehen, meinen wir, so drängen zu müssen, »es noch besser zu machen«. Was die Kinder auch immer tun – ob sie anständig essen, gute Manieren zeigen, Examina ablegen, ein ihrer Altersstufe entsprechendes Glaubensleben führen, wir geben unseren Kindern das Versprechen, daß wir sie schätzen und lieben, wenn sie sich nur noch etwas mehr anstrengen. Die Liebe wird so zu etwas, das gerade um die Ecke zu haben ist, das eine Hoffnung weit entfernt ist. Der augenblickliche Leistungsstand wird dabei in schlauer Weise heruntergespielt und verkleinert.

Dieses ganze System von auf Bedingungen aufgebauten Beziehungen und Einstellungen war meinem Freund von früh auf mitgegeben worden. Und aus diesem Grund meinte er, sogar als er schon erwachsen war und großen Erfolg bei seiner Arbeit sah, daß er nie etwas zustandegebracht hätte. Er war nie zufrieden, sondern verkleinerte stets seine eigenen Leistungen. Er konnte nie richtig dankbar sein, wenn man ihm ein Kompliment machte. Stets meinte er, er hätte es ja doch eigentlich noch besser machen müssen. Er meinte, daß er nie genügend leistete, um Zustimmung und Liebe zu verdienen.

Tragischerweise wurde all das zu einem Teil seines Glaubenslebens. Wie schwer arbeitete er, um seinen eingebauten Pharao mit der Peitsche in der Hand zufriedenzustellen, der ihn immer schneller in einer schrecklichen Tretmühle laufen ließ. Er gab sich

Mühe, er plagte sich, er streckte sich danach aus, aber er kam eigentlich nie ans Ziel. Er las immer mehr Bücher zur Vertiefung seines Glaubenslebens, er nahm an immer mehr Erweckungsversammlungen und Freizeiten teil, um völlig geheiligt zu werden. Sein Glaubensleben war ein einziges »Könnte ich nur«. Aber nie gelang ihm etwas richtig, und wenn er mit einem Schlag von seinem geistlichen Höhenflug herunterfiel, schalt ihn immer eine kleine innere Stimme mit den Worten: »Streng dich an; es soll doch noch einmal etwas aus dir werden!«

Jesus sprach von einem liebenden Vater, dem es Freude macht, seinen Kindern gute Gaben zu geben, besonders die Gabe des Heiligen Geistes (Matth. 7,11 und Luk. 11,13). Mein Freund hatte das umgekehrt, daher fand er nie, obwohl er suchte. Er bat, aber er empfing nie. Er klopfte so laut, daß seine Knöchel bluteten, aber alles, was zurückkam, war das Echo seines Klopfens – mit all seiner Selbstverkleinerung – und seines Zankens mit sich selbst. Und die Tür schien sich ihm nie zu öffnen. Die unvermeidlichen Folgen des »Streng dich an« bilden einen verzerrten Gott, den man nie zufriedenstellen kann, und ein falsches Evangelium, das eine zermalmende Forderung und kein gnädiges Angebot darstellt. Zudem überdeckt und sabotiert es eine echte Heiligung des Glaubenslebens mehr als alles andere. Das Wesen der Heiligung ist Liebe – tiefe, reine, reife Liebe zu Gott, zu anderen und zu sich selbst. Das ganze System des »Streng dich an – es soll doch noch einmal etwas aus dir werden« aber läßt die Liebe völlig aus dem Spiel, bei Gott, den anderen, und bei sich selbst. Schließlich grollen und widerstehen wir Gott nur noch, wie der ältere Bruder in dem Gleichnis, der all die Jahre lang seinem Vater diente, aber mit einem tiefen Groll im Herzen (Lukas 15,25-32).

Ohne rechte Selbstachtung und Selbstliebe kann man seinen Nächsten nicht lieben. Es kommt vielmehr so weit, daß man seinen Nächsten ebenso haßt wie sich selbst.

KOMPLEXE

Wenn ein Mensch Christ geworden ist, die Wiedergeburt erfahren hat, ist dann nicht alles Vergangene bereinigt? Wir wollen versuchen, den Vorgang des »Ablegens, was kindisch ist« und des »Heranwachsens« von einem Punkt aus zu betrachten, den wir gewöhnlich als Persönlichkeitskomplex bezeichnen.

Früher wurde oft von Menschen gesagt, daß sie einen bestimmten Komplex haben, etwa einen Minderwertigkeitskomplex oder einen Selbstbestrafungskomplex. Heutzutage verwenden wir dieses Wort nicht mehr so oft, doch ich glaube, daß es hilfreich ist, wenn wir seine Bedeutung recht verstehen.

Eine Definition von »Komplex« lautet: »Unterdrückte Wünsche und Erinnerungen, die einen beherrschenden Einfluß auf die Persönlichkeit ausüben.« Mit Bezug auf ein schädliches Kindheitsproblem könnte man einen Komplex als einen ungesunden seelischen Stoß aus der Vergangenheit bezeichnen. Von unserer Geburt an stellt sich uns nämlich das Problem, daß wir bestimmte gottgegebene Bedürfnisse zu befriedigen haben, beispielsweise das Bedürfnis nach Nahrung, nach Wärme, nach Sicherheit, nach geschlechtlicher Betätigung, nach Selbstbestätigung, nach Geborgenheit, das Bedürfnis, geliebt zu werden und Liebe zu geben und das Bedürfnis, einen Sinn im Leben zu finden.

Wenn wir heranwachsen, lernen wir Wege und Mittel kennen, um diese großen Bedürfnisse zu befriedigen. Wir könnten sie als seelische Mechanismen bezeichnen oder als Wege, uns mit unseren Bedürfnissen auseinanderzusetzen und sie zu erfüllen. Diese beinhalten, bewußt oder unbewußt, jede Art von körperlicher, seelischer und geistiger Tätigkeit. Wenn wir ein bestimmtes Alter erreicht haben und niemand weiß genau, wann das ist, haben wir uns ein grundlegendes Muster zugelegt, wie wir mit dem Leben fertig werden und unsere Bedürfnisse befriedigen können. Diese seelischen Mechanismen und Muster können richtig oder falsch, gut oder schlecht, gesund oder ungesund oder eine Mischung von allem sein. Ich benutze diese Bezeichnung »komplex«, um ein ungesundes Bündel von Vorgängen zu bezeichnen – ein falsches Muster oder Mittel, um dem Leben und seinen Bedürfnissen zu begegnen. Ein Komplex ist daher ein ganzes Bündel von Wünschen, Reaktionen, Gefühlen und Vorstellungen – ein ganzes Bündel von ungesunden Vorgängen, die eine stark gefühlsmäßige Triebfeder haben. Hier tauchen dann einige der Kindheitsmottos und -gelöbnisse auf. Sie sind eine ungesunde

Triebfeder aus der Vergangenheit in versteckter Form. Können wir nun verstehen, warum ein Glaubenserlebnis diese Komplexe nicht automatisch heilt und ungesunde Kindheitsmottos nicht automatisch umstellt?

In seinem großartigen Buch »Der wiedergeborene Mensch« erklärt Paul Tournier es klar mit Hilfe eines Gleichnisses. Er sagt, daß ein Glaubenserlebnis wie eine Revolution ist. Ein neuer Herrscher hat mit einem Staatsstreich die Macht über ein Land an sich gerissen. Unter der Menge, die ihm zujubelt, sind die Gefolgsleute des gestürzten Herrschers, der jetzt entmachtet ist. Für den Augenblick scheinen sie die eifrigsten Parteigänger des neuen Herrschers zu sein. Aber ihre Herzensveränderung ist nicht aufrichtig, denn sie sind der Feind, der insgeheim die allmähliche Unterminierung der neuen Herrschaft plant. Wenn der Herrscher, der jetzt an der Macht ist, einen Triumph erringt, verbeugen sie sich und tun so, als ob sie sich unterwerfen, nur um bei der ersten Gelegenheit wieder die Köpfe zu erheben, um seine Macht zu unterminieren. Tournier sagt, daß eben dies bei einigen der tief unter der Oberfläche liegenden Bausteinen unserer geistigen Wesensart der Fall ist. Sie verstecken sich und nehmen an dem Sieg teil, den wir erleben. Aber sie haben nicht kapituliert, und es gelingt ihnen vielleicht später, diesen Sieg zu sabottieren, wenn wir ihnen nicht die Maske herunterreißen. Der Vorgang des Herunterreißens der Maske, so sagt er, geschieht langsam und bedarf vielleicht der Hilfe der Medizin, der Psychologie und der geistlichen Vollmacht. Wir erhalten hier eine eindrucksvolle Vorstellung davon, wie jemand ganz Christ sein und doch noch manche seelischen Konflikte und Komplexe haben kann, die das Werk des Heiligen Geistes zu ihrer allmählichen Heilung und Heiligung brauchen.

Zu meiner großen Überraschung stellte ich fest, daß vor Jahren schon einer unserer großen Theologen, Daniel Steele, fast den gleichen Vergleich anstellte, um damit auszudrücken, daß ein Gläubiger sogar sehr tief in das Heiligungsleben eingedrungen sein und doch von den Dingen heimgesucht werden kann, die Steele »Schwachheiten« nennt. In einem seiner Bücher spricht er davon, daß man in einem Land wohnt, das die »vollkommene

Liebe« heißt. Dabei entdeckt er folgendes: In diesem Land gibt es einige Ureinwohner, die mir so gar nicht gefallen wollen, und ich gehe einer Bekanntschaft mit ihnen so weit wie möglich aus dem Wege – wie zum Beispiel der Unwissenheit, der Vergeßlichkeit, dem Fehlurteil, dem Irrtum, der Unaufmerksamkeit, dem Versagen und einer großen Familie namens Schwachheit. Schon wiederholt habe ich dafür gestimmt, daß sie außer Landes verwiesen werden, aber sie bestehen darauf, daß sie ein Recht haben dazubleiben. Sie sagen, daß man ihnen schlimmes Unrecht zufügt, wenn man sie mit einem verhaßten Fremden namens Sünde verwechselt, der ihnen zwar geringfügig ähnelt, der sich aber hinsichtlich seines sittlichen Wertes völlig von ihnen unterscheidet. Daher lebe ich im Frieden mit diesen Ureinwohnern, aber erfreue mich nicht an ihrer Gemeinschaft!

Mir ist ganz klar, daß diese Beschreibung nicht ganz zutrifft und daß Steeles Aussage recht vereinfacht ist. Doch wird sie für uns hilfreich sein. Betrachten wir doch einmal unser Bekehrungserlebnis als den Staatsstreich, als den Augenblick des Umschwungs, an dem der neue Herrscher die Macht übernimmt, und dann wollen wir uns das Hineinwachsen in die Ähnlichkeit mit Christus und in die seelische Reife als den Vorgang vorstellen, der mit dem Althergebrachten aufräumt und bei dem jeder Teil unserer Persönlichkeit unter die völlige Herrschaft unseres Herrschers Jesus Christus gelangt.

Es sind hauptsächlich zwei Komplexe, die sich aus dem ungesunden inneren Antrieb: »Streng dich an, es soll schließlich einmal etwas aus dir werden« ergeben:

1) Der Minderwertigkeitskomplex, der uns dahin bringt, daß wir uns einer Lage nicht gewachsen und unfähig vorkommen, und der uns mit einer Geringschätzung unserer selbst erfüllt.

2) Der Untadeligkeitskomplex, der uns dahin bringt, daß wir meinen, wir sollten und könnten Besseres leisten als seither, und der uns mit Selbsterniedrigung erfüllt. Der Untadeligkeitskomplex wird gewöhnlich Perfektionismus (Vollkommenheitsstreben) genannt, weil diejenigen, die davon besessen sind, in irgendeiner Weise meinen, daß sie alles perfekt tun müssen. Sie müssen in dem, was sie leisten, untadelig sein.

Man kann leicht erkennen, warum beide Komplexe stets wie siamesische Zwillinge miteinander verbunden sind. Da solche Menschen sich in ihrer Leistungsfähigkeit eingeschränkt fühlen, sind sie nie zufrieden mit dem, was sie tun, und schimpfen deshalb stets auf sich und fühlen sich minderwertig. Da man ihnen eingetrichtert hat, daß ihr Wertgefühl gänzlich davon abhängt, was sie leisten, halten sie nicht viel von sich. Das ist ein eingebauter Mechanismus für eine mangelnde Selbstachtung und ein unterentwickeltes Selbstwertgefühl.

AUF DEM WEG ZUR REIFE

In meinem Buch »Heilung der Gefühle« bin ich in mehreren Kapiteln über die Heilung eines mangelnden Selbstwertgefühls, eines Vollkommenheitsstrebens und über die Heilung von Depressionen ziemlich gründlich dieser Frage nachgegangen. Ich möchte Ihnen jedoch einige praktische Vorschläge unterbreiten, die Ihnen helfen sollen, die zwingende Macht dieses ungesunden Kindheitstriebes in Ihnen zu brechen.

Versuchen Sie, diese bedrückenden Gefühle als das zu sehen, was sie eigentlich sind – nicht die Stimme Gottes, nicht die Stimme Ihres Gewissens, obwohl es beides zu sein scheint, sondern als eine Lüge aus unserer der Vergangenheit angehörenden Kindheit und Jugendzeit.

Hier müssen Sie nun ganz entschieden dagegen vorgehen und sie *kartagein!* Es wird für Sie hilfreich sein, wenn Sie zwischen einem gesunden Trachten nach Vollkommenheit und dem ungesunden Streben nach Maßstäben unterscheiden können, die außerhalb Ihrer Reichweite, außerhalb jeglicher Vernunft und außerhalb des Wortes Gottes liegen. Das wird nicht leicht sein, aber es ist äußerst wichtig. Und es braucht Zeit und Kraft: »Jeder, der noch auf Milch angewiesen ist, versteht sich noch nicht auf richtige Rede; er ist ja noch ein unmündiges Kind. Für Erwachsene dagegen ist die feste Nahrung da, weil sie infolge ihrer natürlichen Beschaffenheit Sinne haben, die in der Unterscheidung von Gut und Böse geübt sind. Darum wollen wir jetzt von den Anfangsgründen der Lehre Christi absehen und uns zur vollen Reife erheben und wollen nicht noch einmal den Grund legen mit

Sinnesänderung« (Hebr. 5,12.61 nach Menge). In einer anderen Übersetzung heißt es: »Für solche, die durch Übung ihre Fähigkeit zur Unterscheidung von Gut und Böse geschult haben« (5,14). Ganz offensichtlich betrachtet Gottes Wort diese Schulung und Übung als einen wesentlichen Bestandteil des Herauswachsens aus dem geistlichen Kleinkinderstand und des Hineinwachsens in die geistliche Reife.

Vielleicht gelingt Ihnen das alleine nicht. Vielleicht sollten Sie sich einem Freund anvertrauen, zu dem Sie Zutrauen haben, oder einem Seelsorger, der Ihnen dabei helfen kann, herauszufinden, was wirklich von Gott und seinem Wort kommt und was einfach Ihr »nie zu befriedigendes« kleines Kind in Ihnen ist, das Sie zu unmöglichen Zielen drängt. Manchmal sind diese Gefühle so ernster Natur, daß Sie lange Zeit bei einem seelsorgerlichen Menschen bleiben müssen, der gut geschult ist. Aber koste es, was es wolle, entschließen Sie sich dazu, diese drängende Stimme des unnachgiebigen, lärmenden Kleinkindes in Ihnen »unwirksam zu machen«.

Arbeiten Sie mit dem heiligen Geist zusammen, wenn Sie versuchen, die Schlingerbewegungen Ihrer Stimmungslage zu dämpfen, die normalerweise mit dem »Reiß dich zusammen«-Komplex einhergehen. Viele Menschen sind schon zu mir in die Seelsorge gekommen, die Schwierigkeiten mit diesem Problem hatten, und es stellte sich heraus, daß die meisten von ihnen eine »Alles oder nichts«-Weltanschauung hatten. Ihre Welt hat nur zwei Farben – blütenweiß oder pechschwarz. Wenn sie keine Höchstleistungen erzielen, sind sie völlige Nieten. Das führt sie zu Stimmungshochs und Stimmungstiefs. Sie beschreiben sich selbst oft als »geistliche Jo-Jos«.

Ich habe mich schon oft gefragt, ob Simon Petrus nicht etwas davon gehabt hat. Ist Ihnen schon aufgefallen, daß es bei ihm oft um »Alles oder Nichts« ging? Auf dem Berg der Verklärung hatte er Angst, aber er fand es aufregend. Er wollte Hütten bauen und für immer dort bleiben. Beim Abendmahl sagte er zu Jesus: »Herr, du sollst mir nicht meine Füße waschen. Ich kann es nicht zulassen, daß du so etwas tust!« Und dann, als Jesus ihn tadelte, sagt er: »Herr, wasch mir nicht nur die Füße, sondern auch den

Kopf!« Er schwenkte von: »Nicht einmal meine Füße!« zu »Bade mich!« um. In jenen letzten Stunden sagte Jesus, daß ihn jemand verraten werde. Petrus erklärte: »Herr, vielleicht tun andere so etwas. Und wenn dich alle verleugnen sollten, ich will für dich sterben!«

Innerhalb weniger Stunden, als eine Magd ihn verspottete, kippte er um: »Wer? Jesus? Von dem habe ich noch nie etwas gehört.«

Sind Sie nicht auch froh darüber, daß Jesus zu diesem wankelmütigen Petrus sagte: »Simon, Simon, Satan hat euer begehrt, daß er euch möchte sichten wie den Weizen; ich aber habe für dich gebeten, daß dein Glaube nicht aufhöre. Und wenn du dich dermaleinst bekehrst, so stärke deine Brüder« (Lukas 22,31-32) Und in der gleichen geduldigen Art hat Jesus auch für Sie gebetet (Joh. 17,20) und tritt noch jetzt für Sie ein (Hebr. 7,25). Durch seinen Geist ist er gegenwärtig, um Ihnen zu helfen, gerade so wie er Petrus durch seine vielen Stimmungsschwankungen und durch sein geistliches Auf und Ab hindurchhalf. Und genau so wie er schließlich Petrus eine so ausgeglichene Stimmungslage schenken konnte, daß aus dem sprunghaften und wankelmütigen Simon ein Kephas, ein Felsenapostel wurde, wird er das auch für Sie tun. Petrus lernte, wie man ausgeglichen und standfest wird, und er hat uns gesagt, wie das geschieht: »Wachset in der Gnade und Erkenntnis unseres Herrn und Heilandes Jesu Christi!« (2. Petr. 3,18).

ROGER UND BARB

So war es bei Roger und Barb, einem Ehepaar, die zu mir kamen, um sich in ihrer stürmischen Ehe helfen zu lassen. Obwohl sie regelmäßig Familienandachten hielten und ein Leben der Hingabe an Christus und ihre Gemeinde führten, kriselte es ganz entscheidend in ihrer Ehe. Sie waren umso niedergeschlagener und betrübter, weil sie ja beide überzeugte Christen waren und sich große Mühe gaben, den Herrn in ihren gemeinsamen Lebensweg mit hineinzunehmen. In einer Unterredung, die ich mit jedem einzeln führte, stellte sich heraus, daß sie beide Opfer der »Streng dich an«-Behandlung geworden waren. Er kam aus einer tiefgläubigen Familie und sie aus einer völlig weltlichen, aber im Grunde war das Klima in ihren Familien genau gleich gewesen. Immer dann, wenn sie beide etwas Außergewöhnliches geleistet hatten, hatten sie als Belohnung ein großes Lob erhalten. Aber wenn einer von ihnen einmal nicht »das Beste gegeben« oder auch nur den geringsten Fehler gemacht hatte, reagierten ihre Eltern enttäuscht und fürchteten gar um ihr eigenes Ansehen. Und weil die Sicherheit und die Selbstachtung ihrer Eltern ganz und gar von den erfolgreichen Leistungen abhingen, die Roger und Barb zeigten, hatten beide eine schwere Last zu tragen. So wurde das »Streng dich an«, das doch so viel hieß wie »Schaut doch einmal, wie sehr ihr unserem Ruf schadet, wenn ihr versagt« mitten in ihre Persönlichkeit eingebaut. Können sie sich vorstellen, wie sich eine solche Ansicht auf die vielen schwierigen Anforderungen auswirkt, die die ersten Ehejahre mit sich bringen? Genau so war es!

Als sie jedoch erkannten, was eigentlich zwischen ihnen vorging, konnten sie ihre Nöte und Schwierigkeiten in einer vertieften Weise miteinander tragen. Als sie ganz konkret miteinander beteten, sahen sich beide in der Lage, ihre kindischen Auffassungen abzulegen und die Art von Vollkommenheit, die sich nur bei Gott findet, nicht voneinander zu erwarten. Es war erstaunlich, wieviel Wachstum sie in wenigen Monaten erzielten. Jetzt sind sie froh, daß sie den Teufelskreis zerbrechen konnten, der mehrere Menschenalter lang in beiden Familien geherrscht hatte. Als ihr erstes Kind zur Welt kam, sprachen sie über die Freude mit mir, daß sie »einen ganz neuen Stamm gründen« könnten, der aufgrund ihrer Lebensgemeinschaft dazu in der Lage sei, Gottes bedingungslose Liebe zu verstehen. Ich möchte dieses Kapitel schließen, indem ich Ihnen ein Gebet von A. W. Tozer vorlege, das mir geeignet erscheint und das er an den Anfang eines Kapitels über die Liebe Gottes stellt in dem Buch »Erkenntnis des Heiligen«:

> »Vater unser, der du bist im Himmel, wir deine Kinder, sind oft in innerer Bedrängnis, denn wir hören in uns gleichzeitig das Zeugnis des Glaubens und die Anklagen des Gewis-

sens. Wir sind gewiß, daß in uns nichts ist, was die Liebe eines so heiligen Wesens, wie du es bist, auf sich ziehen könnte. Doch hast du uns in Jesus Christus deine unveränderliche Liebe erfahren lassen. Wenn es in uns nichts gibt, das deine Liebe gewinnen kann, dann gibt es aber auch im ganzen Weltall nichts, das dich davon abhalten kann, uns zu lieben. Deine Liebe kommt zu uns ohne unser Verdienst und unsere Würdigkeit. Du bist selbst der Grund für die Liebe, mit der wir geliebt sind. Hilf uns, daß wir die Innigkeit und die Ewigkeit der Liebe, die uns gefunden hat, im Glauben erfassen. Dann wird die Liebe die Furcht vertreiben. Unsere unruhigen Herzen werden im Frieden ruhen und nicht auf das vertrauen, was wir sind, sondern auf das, was du über dich selbst aussagst. Amen.«

»Als er wieder einmal in die Synagoge kam, war dort ein Mann, der einen gelähmten Arm hatte. Und sie lauerten ihm auf, ob er ihn wohl am Sabbat heilen würde, um dann eine Anklage gegen ihn zu erheben. Da sagte er zu dem Manne mit dem gelähmten Arm: ›Steh auf, tritt vor in die Mitte!‹ Dann fragte er sie: ›Darf man am Sabbat Gutes tun, oder soll man Böses tun?‹ Sie aber schwiegen.

Da blickte er sie im Kreis umher voll Zorn an, betrübt über die Verstocktheit ihres Herzens und sagte zu dem Manne: ›Strecke deinen Arm aus!‹ Er streckte ihn aus, und sein Arm wurde wieder gesund.«

(Markus 3,1-5)

»Jesus weinte.« *(Johannes 11,35)*

»Dann nahm er Petrus, Jakobus und Johannes mit sich und fing an zu zittern und zu zagen und sagte zu ihnen: ›Tief betrübt ist meine Seele bis zum Tode; bleibet hier und wachet!‹

Dann ging er ein wenig weiter, warf sich auf die Erde nieder und betete, daß, wenn es möglich wäre, die Stunde an ihm vorübergehen möchte.« *(Markus 14,33-35)*

Kapitel 4

Noch ein Kindheitsmotto

Noch ein schädliches Kindheitsmotto kommt aus unserer fehlgeleiteten Kultur: »Ein tapferer Junge weint nicht!« Es hat so manchem Mann zu schaffen gemacht und Millionen von Ehen zerstört. Es kann auch die untergründige Führungsmacht im Leben einer Frau werden. Dieses Motto tritt in mehreren Formen auf – mit Aussprüchen wie: »Kinder sollen sich sehen, aber nicht von sich hören lassen« oder »Wenn du nicht aufhörst zu heulen, werde ich dir etwas geben, daß du heulst!« Die Überbetonung einiger »mannhaften« Sportarten, das Herausstellen des »starken, stillen Menschen« und die Unterstellung, daß man dann, wenn man seinen Gefühlen freien Lauf läßt, schwach ist – all das bestärkt dieses zerstörerische Motto. Unter gläubigen Christen gibt es viele, die den Eindruck hinterlassen, als sei es falsch, irgendeine andere Gefühlsbewegung zu zeigen als die: »Preis dem Herrn!«

Bei einigen von uns ist dieses tödliche Kindheitsmotto so ins Leben eingewoben, daß wir als Erwachsene nicht mehr dazu fähig sind, unsere eigentlichen Gefühle kundzutun. Wenn Gefühle an die Oberfläche steigen, wissen wir gar nicht, wie wir mit ihnen umgehen sollen. Wir schämen uns, oder wir fürchten uns oder fühlen uns schmutzig und schwach. Wir halten uns für ganz armselige Christen, weil wir solche Gefühle überhaupt haben, ob wir sie nun zeigen oder nicht. So lautet die Übertragung dieses Mottos bei einem erwachsenen Christen folgendermaßen: »Gute Christen geben ihre wahren Gefühle nicht zu erkennen« oder »Gute Christen dürfen nie irgendwelche negativen Gefühle an den Tag legen«.

Ich möchte hier keine tiefschürfenden Erörterungen über Gefühle vom Standpunkt der Gesundheit und der Psychologie anstellen. Das Beste ist es, wenn wir diesem zerstörerischen Motto dadurch entgegentreten, daß wir uns den Einen ansehen, der nicht nur der Anfänger und Vollender unseres Glaubens ist, sondern der in allen Dingen unser Vorbild ist – unseren Herrn Jesus selbst.

Betrachten wir einmal das Gefühlsleben Jesu und erkennen wir dann, welche Rolle die Gefühle in seinem Leben spielten, und gehen schließlich der Frage nach, wie er mit ihnen umging.

Ich bin froh, daß Jesus tatsächlich einer von uns war. Ja, er war, was seine Gefühlsäußerungen betrifft, viel menschlicher als es viele überzeugte Christen sind. Denn viele von uns sind böse fehlgeleitet, weil sich bei ihnen alte und neue Erziehungsprinzipien die Hand reichen, die vor allem für Männer sehr schädlich sind. Wir meinen, eine Frau dürfe ruhig ihren Gefühlen freien Lauf lassen, aber ein Mann dürfe das nicht. Wenn er ein gestandenes christliches Mannsbild ist, darf er seine Gefühle nicht preisgeben. Viele Jungen und Mädchen werden so erzogen.

Und diese Haltung schleppt man dann mit hinein in sein Glaubensleben. Wer als Christ ein Überwinderleben führen will, der muß stets still, ruhig und ausgeglichen sein. Wir dürfen weder Kummer noch Aufregung, weder Schmerz noch Zorn zeigen und uns durch fast gar nichts aus der Fassung bringen lassen. Es ist aber ganz falsch, wenn wir uns ein »versteinertes Gesicht« zugelegt haben, das einen ausdruckslosen, überaus beherrschten, gefühllosen Stoizismus zum hauptsächlichen Beweismittel machen soll, daß man ein siegreiches Glaubensleben führt.

Wenn Jesus unser großes Vorbild ist, dann ist das eine völlig unzutreffende Darstellung. Es ist ein verzerrtes Bild, das wir den Menschen als Vorbild hinstellen. Weil solche der Schrift zuwiderlaufenden und wirklichkeitsfremden Maßstäbe falsch sind, sind sie deshalb auch unerreichbar. Und doch versuchen viele aufrechte Christen sie zu erreichen, und erleben dabei viel unnötige Schuld. Daher folgt das »Ein tapferer Junge weint nicht« oft ganz dicht dem »Streng dich an, es soll doch einmal etwas aus dir werden« und das treibt dann in den Teufelskreis des Strebens, des Versagens, des Verzagens, des Bußetuns und dann des erneuten Strebens, Versagens, Verzagens und Bußetuns, in dem so viele gläubige Christen leben. Jesus hatte nie Angst davor, seine Gefühle zu zeigen, er schämte sich nie davor, die Leute sehen und erkennen zu lassen, wie es ihm eigentlich zumute war. Schauen wir uns deshalb einmal einige der wichtigsten und tiefgreifendsten Gefühlsregungen an und erkennen wir dabei, wie Jesus mit ihnen umgeht.

KUMMER UND SCHMERZ

Vor einigen Jahren fanden englische Archäologen beim Graben in der Wüste Ägyptens ein Grab in einer Höhle, die fast viertausend Jahre lang versiegelt gewesen war. Sie durchbrachen die äußeren Abdeckungen und trafen auf einen schön gemeißelten Steinsarg; außen auf dem Sarg stand der Name eines kleinen Mädchens. Jahrhunderte zuvor hatten zwei Eltern ihre einzige Tochter zur Ruhe gebettet. Als die Archäologen daran gingen, den Sarkrophag zu öffnen, entdeckten sie eine weitere Inschrift. Sie lautete: »O mein Leben, mein geliebtes, mein Kleines, wollte Gott, ich wäre für dich gestorben!«

Die beiden Männer schauten sich an, schüttelten die Köpfe und versiegelten das Grab wieder. Sie waren so bewegt von dem, was sie sahen, daß sie es einfach nicht ertragen konnten, in das Privatleben der von Kummer erfüllten Eltern einzudringen. Sie ließen die Liebe und den Tod die ewige Totenwache halten.

Wir verstehen ihr Verhalten, begegneten sie doch etwas Bedeutsameren als einem archäologischen Forschungsergebnis. Sie waren bewegt von einem viertausend Jahre alten Kummer. Der Kummer über den Tod eines geliebten Menschen ist eines der stärksten Gefühle, die das Leben kennt. Wie sollen wir uns dieser allgemeinmenschlichen Erfahrung gegenüber verhalten? Wie wurde Jesus mit Kummer und Schmerz fertig?

Zwei wichtige Ereignisse geben uns da einen Hinweis.

Das erste ist das Verhalten Jesu, als man ihm die Nachricht brachte, daß Johannes der Täufer, sein eigener Vetter, den er so sehr bewunderte, enthauptet worden war. »Als Jesus das hörte, zog er sich von dort in einem Schiff an eine einsame Stelle zurück, er selbst allein« (Matthäus 14,13). Ist es uns allen ebenso zumute, sobald uns eine solche Todesnachricht erreicht? Wir möchten ganz allein sein.

Das ist nicht notwendigerweise Selbstmitleid oder Weltflucht. Das ist die natürliche Art, wie wir uns im Schmerz zuerst verhalten. Etwas später rief Jesus seine Jünger und nahm sie vom Volk weg beiseite, damit sie allein sein sollten. Danach ging er von ihnen weg, um allein zu sein und zu beten (Verse 22-23).

Wir haben hier ein schönes Vorbild, dem es sich zu folgen lohnt:

sich für eine Weile zurückziehen, aber nicht zu lange. Denn wenn man zu lange allein für sich trauert, verliert man leicht den Sinn für Ausgewogenheit und für den klaren Durchblick. Man wird ganz in sich gekehrt. Es geschieht dann, daß man nicht um jemand trauert, den man verloren hat, sondern um sich selbst. Bedeutsam ist deshalb, sich mit seinen engsten Freunden zusammenzutun. Und ganz gewiß zu beten, eine Zeitlang mit dem engsten Freund, dem großen Tröster zusammenzusein.

Obwohl Jesus sich Zeit dazu nahm, mit seinen Freunden zusammenzusein, um sich dann zu stundenlangem Gebet zurückzuziehen, vergaß er nie auch nur einen Augenblick lang die Bedürfnisse der anderen. Er half ihnen, er heilte sie, er gab ihnen zu essen. Für Jesus gab es die große Heiltherapie, die aus der Arbeit und aus dem Tätigsein für andere kommt, und das mitten unter Gram und Schmerz.

Das andere Ereignis zeigt uns Jesus am Grab des Lazarus. Hier gewinnen wir zwei weitere Einsichten, wie Jesus mit dem Kummer umging. »Jesus weinte« (Joh. 11,35)

Gott sei Dank für diesen großartigen kleinen Vers. Er steht nicht nur da, um Sonntagsschulkindern zu helfen, die schnell einmal einen Vers aufsagen möchten. Er hat eine tiefe Bedeutung. Jesus weinte, und er schämte sich nicht im geringsten, seinen Kummer zuzugeben und ihn öffentlich kundzutun. Er muß ganz bewegt geweint haben, weil der folgende Vers aussagt, daß die Dabeistehenden bemerkten: »Seht, wie hat er ihn so lieb gehabt!« Aber als Nächstes betete er dann. Und er erinnerte die Trauernden stets an die Auferstehung.

Es gibt angemessene Methoden, um mit dem Kummer fertig zu werden. Sie sind natürlich und normal, menschlich und hilfreich. Man braucht sich nie zu schämen, wenn man weint, sich eine Zeitlang zurückzieht, Hilfe von seinen engsten Freunden in Anspruch nimmt, betet oder wenn man vom Himmel und der Auferstehung redet. Das ist die richtige Methode, die christliche Methode, um mit dem Kummer fertig zu werden. Und diese Methode sollte man sich gut einprägen, denn man weiß nie, wann einen selbst der Kummer trifft, der vielleicht die am weitesten verbreitete Gefühlsregung ist. Wenn die Stimme aus unserer Vergangenheit uns schilt:

»Ein tapferer Junge weint nicht«, dann erwidern Sie ihr: »Das ist eine Lüge! Jesus, der Allertapferste, hat geweint!«

ZORN

Eine Gefühlsregung, der schwer beizukommen ist, ist der Zorn – unter Gläubigen das Gebiet, das am meisten tabu ist. Hat Jesus je Zorn gezeigt? Als er den Mann mit der verdorrten Hand am Sabbat heilen wollte, »schaute er sie umher an mit Zorn und wurde betrübt über ihr verstocktes Herz« (Mark. 3,5). Das ist die einzige Stelle im Neuen Testament, an der Jesus ausdrücklich als »zornig« beschrieben wird. Selbst, als er die Geldwechsler im Tempel austrieb, wird dieses Wort nicht erwähnt, obwohl wir annehmen können, daß er zornig war. Dieser Fall lag wohl so eindeutig klar – ohne daß Jesus auch nur versucht, den Zorn in seinem Gesicht zu verbergen oder den zornigen Ton seiner Stimme zurückzuhalten –, daß er besonders aufgeführt wird. Es gab keine andere Bezeichnung, um seine Gefühlsregung auszudrücken, als »Zorn«.

In seiner berühmten Schrift »Warum ich kein Christ bin« gebraucht Bertrand Russel diesen Vorgang, um nachzuweisen, daß Jesus nicht so vollkommen war, wie seine Nachfolger das behaupteten. Russel meinte, daß Jesus dadurch, daß er zornig wurde und so die Beherrschung verlor, bewies, daß er unvollkommen war. Es gibt viele, die ohne das so offen auszusprechen, ähnlich denken.

Meiner Meinung nach war der Zorn Jesu Teil seiner Vollkommenheit, die sich nie deutlicher kundtat als in diesen Augenblicken des glühendheißen Zornes. Daß Jesus nie zornig war, ist nicht das größte Kompliment, das man ihm machen könnte. Es wäre vielmehr der Gipfel der Unvollkommenheit, denn er würde einen großen Fehler in seiner göttlichen Wesensart ans Licht bringen. Die Bibel spricht oft vom Zorn Gottes – insgesamt 365 mal. Dieser Zorn ist kein Ausbruch kindlicher Wut. In seinem Zorn verleugnete Jesus nicht seine Wesensart.

Es wird höchste Zeit, daß einige von uns von ihren kindischen Gedanken über dieses Thema loskommen. Der Zorn ist keine sündige Gefühlsregung. Es gibt nämlich gar keine sündigen Gefühlsregungen. Es gibt bloß sündige Anwendungen von Gefühlsregungen. Und es gibt viele unter uns, die ihre Gefühlsregung des Zorns falsch anwenden, wie ein Musiker die Noten nimmt, die zu schöner Harmonie bestimmt sind, und sie in einem sinnlosen Mißklang zerreißt. Der Zorn ist eine uns von Gott eingegebene Gefühlsregung. Er ist aufs engste mit unserem Sinn für Gerechtigkeit verknüpft, und er ist – wie alle unsere Gefühlsregungen – dazu bestimmt, für in sich sinnvolle geistliche Zwecke verwendet zu werden.

Einem Menschen, der keinen Zorn über das Böse verspürt, mangelt es an Begeisterungsfähigkeit für das Gute. Wenn wir das Böse nicht hassen können, ist es sehr fraglich, ob wir die Gerechtigkeit lieben.

Zorn ist nicht Schwäche; er ist vielmehr eine große Stärke. An keiner Stelle verdammt die Bibel den Zorn als Gefühlsregung. Sie verurteilt aber die falsche Handhabung des Zornes, und sie warnt uns davor, sie zu hätscheln und zu pflegen. Sie verurteilt ganz offenkundig viele verkehrte Handlungsweisen, die sich zwangsläufig aus solchen zornigen Gefühlsregungen ergeben.

Zorn muß sich kontrollieren lassen, er darf einem nicht entgleiten und muß unter der Leitung des Willens stehen – es darf also keine aufgeheizte Leidenschaft sein, die außer Kontrolle geraten ist. Und was vielleicht das Allerwichtigste ist, er darf weder Böswilligkeit noch Bitterkeit, weder Groll noch Haß in sich bergen.

In Markus 3 sehen wir, wie Jesus am Sabbat einem Menschen mit einer verdorrten Hand gegenübersteht. Der Mensch war in großer Not. Viele Leute schauen auf ihn. Hoffen sie darauf, sehen zu können, wie er diesen armen Mann heilt und ihn in die Lage versetzt, wieder ein brauchbarer Arbeiter zu werden? Nein. Sie haben keine Augen für ein Wunder. Sie lauern darauf, ob er eines ihrer Gesetze brechen wird. Sie wollen lieber, daß ein Mensch mit einer verkrüppelten Hand so bleibt wie er ist – hilflos und unfähig, sich seinen Lebensunterhalt zu verdienen – als eine ihrer religiösen Vorschriften brechen lassen. Sie waren nicht nur blind, sondern auch grausam. Da wundert es einen nicht, daß Jesus zornig wurde.

Doch schauen wir uns den Vers noch einmal genauer an: »Er

blickte sie umher an im Zorn, betrübt über die Härtigkeit ihres Herzens« (Mark. 3,5). Beachten wir, wie sorgfältig der Zorn Jesu die rechten Bedingungen erfüllte. Es geschah aus einem selbstlosen und völlig gerechtfertigten Grund, um den Lebensunterhalt und die Gesundheit eines Menschen. Sein Zorn stand unter Kontrolle. Es gab keinen Ausbruch, keinen Wutanfall. Niemand konnte sagen: »Jesus hat sich so aufgeregt, daß er gar nicht mehr wußte, was er tat!« Er war der Einzige, der wußte, was er tat. Die Leute waren so verhärtet, daß sie blind und taub geworden waren – sie hatten ganz die große Not vergessen, in der dieser Mann stand.

Charles Jefferson hat einmal gesagt: »Der Zorn vemischt sich so leicht mit niedrigen und unliebenswürdigen Dingen, er rührt so häufig den Schmutz vom Grunde der Seele auf, daß unsere Gedanken nicht leicht davon loszubringen sind, daß der Zorn etwas Sündiges an sich hat oder daß er ein unliebenswürdiger Verhaltensfehler oder eine Charakterverbiegung ist, von der wir so gern im Gebet befreit werden möchten«.

Doch hier sehen wir, wie er nicht von schmutzigen Tiefen der Leidenschaft aufgewühlt ist, sondern wie er heißglühend aus echter Heiligkeit und liebender Hinwendung zu den Menschen hervorquillt.

ZORN UND MITLEID

Vor allem müssen wir die Worte »Zorn« und »bekümmert« beachten, um eine rechte Vorstellung zu gewinnen. Hier haben wir zwei große Gefühlsregungen, die wir oft für Gegensätze und so unvereinbar wie Feuer und Wasser halten. Aber in Jesu Herzen waren sie vereinbar. Da war keine Böswilligkeit, kein Groll, nur großer Kummer und Mitleid und Liebe. Der Zorn fiel auf das Böse, das sie taten und der Kummer auf die, die es taten. Zorn und Mitleid sind entgegengesetzte Seiten derselben Münze.

Haben wir schon einmal überdacht, daß der Grund, warum unsere Liebe zu Christus so lauwarm oder sogar erkaltet ist, vielleicht darin zu suchen ist, daß wir nicht mehr recht zornig werden können, daß wir das Böse nicht genug hassen!

Haben wir schon einmal überdacht, wieviel Gutes schon in der Welt erzielt wurde, weil Menschen so zornig über das Böse wurden, daß sie dagegen handelten?

Martin Luther sagte einmal: »Wenn ich zornig bin, predige ich gut und bete besser.« Dr. William Clanning sagt: »Normal wiege ich 110 Pfund, aber wenn ich wütend bin, wiege ich eine Tonne!« Die Geschichte der Reformbestrebungen ist voll von solchen Beispielen.

In England hielt man früher die Gefangenen in schmutzigen, von Krankheiten verseuchten Gefängnissen, die man als Hölle auf Erden beschrieben hat. Aber John Howard und seine Anhänger wurden zornig und taten etwas dagegen.

Die Sklaverei war in der neuen Welt ein tief eingewurzeltes Übel, bis Männer wie William Lloyd Garrison »im kummervollen Gesicht des Sklaven das von einem Schatten befallene Angesicht Gottes sahen«. Angetrieben von einem gerechten Zorn, der sich nicht zum Schweigen bringen lassen wollte, rief Garrison: »Ich gehe keinen Zentimeter zurück! Man wird mich hören.«

Militärlazarette waren entsetzlich, bis Florence Nightingale kam. Einer ihrer Biographen beschreibt sie nicht als einen sanften Engel der Liebe, sondern als eine sture, zornige Frau mit einer klaren Berufung von Gott, die ohne nachzulassen den Regierungsbeamten solange zusetzte, bis diese für die Verwundeten und Sterbenden eine menschenwürdige Behandlung schufen. Die Beamten erfaßte ein Schauer, wenn bloß ihr Name fiel. Zorn ist nicht notwendigerweise das Gegenteil von Liebe. Manchmal entspringt er aus der Liebe und ist ihr klarster Ausdruck. Beten Sie nie darum, daß Ihr Zorn von Ihnen genommen wird! Das ist ebenso irrig und ein Zeichen von Unreife wie wenn man Gott bittet, alles geschlechtliche Verlangen von einem zu nehmen. Beten Sie vielmehr darum, daß Ihr Temperament gereinigt und unter die Herrschaft des Heiligen Geistes gebracht wird. Beten Sie nicht darum, daß Ihr Zorn ausgelöscht wird, sondern beten Sie darum, daß er sich gegen das richtet, was Gott zornig macht.

EIN BETRÜBTER GEIST

Wie sollen wir schließlich die Gefühlsregung bezeichnen, die unseren Herrn beim Kampf im Garten Gethsemane überfiel? Es ist ein betrübter Geist in dem Sinn, daß er versuchte, den klaren Willen Gottes für sein Leben zu finden und zu tun. Sein Kampf läßt sich schwer beschreiben, weil es sich um eine Anhäufung von mehreren Gefühlsregungen handelte.

Es war Einsamkeit darin enthalten. Jesus bat seine engsten Vertrauten Petrus, Johannes und Jakobus zu ihm zu treten und für ihn zu beten. »Meine Seele ist betrübt bis an den Tod; bleibet hier und wachet« (Mark. 14,34). Später sagt er: »Konntet ihr nicht eine Stunde wachen?« (Vers 37). Als er die Gebete und die Unterstützung seiner engsten Vertrauten so dringend brauchte, ließen sie ihn im Stich. Er war allein, und die Einsamkeit tat ihm weh.

Es war sein Kampf gegen die Versuchung darin enthalten. Bevor er die Jünger bat, mit ihm zu gehen, sagte er ihnen, daß sie diejenigen seien, die in seinen Versuchungen bei ihm gestanden hätten (Lukas 22,28). Die Versuchungen Jesu hörten nicht bei den Versuchungen in der Wüste auf, die er in der Anfangszeit seines Dienstes durchlitten hatte. Der Teufel verließ ihn eine Zeitlang, aber er kam wieder, und zwar oft. Jetzt war er wieder da und versuchte sich die Herzensangst Jesu, seine Verzweiflung und seine Niedergeschlagenheit dazu zunutze zu machen, um ihn vom Willen seines Vaters abzubringen und seinen eigenen Willen zu behaupten.

Wir können nicht genau sagen, welche Gefühlsregungen Jesus durchgemacht hat. Sie waren so mächtig, daß sie körperliche Auswirkungen hatten: heftiges Schwitzen – ein Schwitzen wie Blutstropfen, und Zittern – so stark, daß er zu Boden fiel.

Warum gehe ich hier auf Einzelheiten ein? Weil viele meinen, wenn wir einen harten Glaubenskampf zu bestehen haben, wenn wir von einer ernsthaften Auseinandersetzung und Versuchung gerüttelt und geschüttelt werden, wenn wir nicht leicht und automatisch Gottes Willen finden und ein Ja dazu haben, daß dann etwas bei uns nicht stimmt. Wir meinen dann, wir seien nicht wirklich geisterfüllt.

Das ist eine Karikatur der Wahrheit. Der Sieg kommt nicht von selbst, und ihn zu erlangen, bedarf es in der Regel einer Auseinandersetzung innerhalb unserer Gefühlswelt. Wir sollten uns dessen nicht schämen oder versuchen, es zu verbergen, denn unser Herr hat das auch nicht getan.

Wir gehen alle durch Gethsemanes – es sind Zeiten der Auseinandersetzung, in denen wir wie Jesus zu beten haben: »Vater, du kennst meine tiefsten Gefühle, du weißt, was mein Innerstes gerne möchte. Aber dein Wille geschehe, nicht meiner!«

HEIL SEIN UND HEILIG SEIN

Wir haben uns recht genau angeschaut, wie Jesus seine Gefühle erlebte und sie zum Ausdruck brachte. Da er der vollkommene Mensch war, hat Jesus eine Regel verstanden, die die Psychologen erst vor kurzem entdeckt haben. Jedes Erlebnis, das man nicht mit der ihm gebührenden Gefühlsregung bezahlt, muß man später mit Zinseszinsen bezahlen. Jesus hat auf jedes Erlebnis mit dem gebührenden Gefühlsausdruck reagiert. Deshalb finden wir an keiner Stelle, daß er unter dem leidet, was wir heute mit »verzögerter Reaktion« bezeichnen. Jesus hat nicht geglaubt, daß »ein tapferer Junge nicht weint«. Wir wollen dieses Phantasiegebilde als das festnageln, was es ist – eine Lüge aus unserer Kinder- und Jugendzeit. Wir wollen sie abtun und uns von ihrer gefühlsmäßigen Versklavung befreien. Und dann wollen wir zum Ebenbild Christi heranwachsen – als solche, die frei sind, unsere Gefühlsregungen zu durchleben und andere es wissen zu lassen, was wir eigentlich fühlen. Auf diese Weise werden wir erst wahrhaft reif werden; denn reif sein heißt sowohl heil als auch heilig sein. Eine reife Heiligkeit bedeutet, daß wir zum echten Menschsein zurückfinden. Im Mittelpunkt der Heiligkeit und des Heilseins steht die Erkenntnis Gottes und die Liebe zu ihm ebenso wie das Wissen um die anderen und die Liebe zu ihnen, und dabei sind wir selbst mit eingeschlossen. Der Heiligungsvorgang ist im wesentlichen ein Vorgang des Zurückfindens zum echten Menschsein. Je heiliger wir werden, desto menschlicher werden wir, weil wir mehr wie Jesus werden, der der einzige vollkommene Mensch war, der je gelebt hat. Er besaß eine vollkommene Heiligkeit, ein vollkommenes Empfinden für das, was recht ist, eine vollkommene Göttlichkeit und eine vollkommene Menschlichkeit.

Leider hat man es uns von unserer Kindheit an nur allzu oft anerzogen, daß wir das Heiligsein so ansehen als wäre es etwas Entmenschlichendes. Deshalb findet man oft in der christlichen Frömmigkeit und Heiligkeit ein Sichzurückziehen von der Freude an Gottes Schöpfung. Unser Leben wird starr, es leidet bitteren Mangel an echter, frei dahinfließender Liebe und es entbehrt der menschlichen Wärme. Aber wir brauchen nicht so zu leben. Wenn die Systeme unseres Gefühlslebens von unchristlichen Dateneingaben falsch programmiert worden sind, dann kann der Heilige Geist sie neu programmieren. Statt christliche Eisschränke zu sein, können wir heilige und heile Gotteskinder werden.

»Wir wollen nicht mehr Kinder sein und uns bewegen und wiegen lassen von allerlei Wind der Lehre durch Boshaftigkeit der Menschen und Täuscherei, womit sie uns erschleichen, uns zu verführen. Lasset uns aber die Wahrheit in der Liebe sprechen und wachsen in allen Stücken an Christus, der das Haupt ist, von dem der ganze Leib zusammengefügt ist und ein Glied am anderen hanget, dadurch eines dem anderen Handreichung tut, nach dem Werk eines jeglichen Gliedes in seinem Maß, und macht, daß der Leib wächst zu seiner selbst Besserung, und das alles in der Liebe.« *(Epheser 4,14-16)*

Kapitel 5

Kindische Vorstellungen von Liebe und Ehe

Möchten Sie nicht auch, daß jedermann seine kindischen Vorstellungen von Liebe und Ehe über Bord werfen könnte? Sie kennen doch wohl die statistischen Angaben über die Ehen in unserem Land. Jede dritte Ehe wird wieder geschieden. Im Jahr 2000 sogar jede zweite. Und dabei sind viele angeschlagene und zerbrochene Ehen in unserem Land nicht statistisch erfaßt. Obwohl man keinerlei rechtliche Schritte unternommen hat, leben viele Ehepaare voneinander getrennt – die geistig und gefühlsmäßig geschieden sind.

Wenn man zu dieser Zahl die Ehepartner hinzurechnet, die unglücklich sind, aber immer noch zusammen wohnen, kommt man zu dem erschreckenden Ergebnis, daß das durchschnittlich noch verheiratete Ehepaar etwa eine Chance von 50 zu 50 hat, in ihrem gemeinsamen Leben glücklich und zufrieden zu sein. Christen bilden da keine Ausnahme. Die Zahl der Ehescheidungen nimmt auch bei ihnen in erschreckendem Maße zu.

Paulus erinnert uns daran, daß eigentliches Erwachsenwerden bedeutet, daß man sich von seiner kindhaften Einstellung löst. In der Ehe gibt es nichts Wichtigeres als das. Viele treten in den Ehestand und denken, fühlen und unterhalten sich dabei wie Kinder. Das ist ja auch gar nicht verwunderlich. Solche Haltungen beginnen auf Mamas oder Papas Schoß, beim Märchenerzählen von dem schönen jungen Prinzen, der die schöne junge Prinzessin heiratet. Für Jugendliche setzt sich dann diese Welt der Einbildungen und Träume vor dem Fernsehapparat fort. Die Massenmedien sind der krankhafteste und gefährlichste Bestandteil in diesem ganzen Bereich. Sie erfüllen uns mit kindischen und wirklichkeitsfremden Vorstellungen. Wenn junge Menschen dann ins Erwachsenenleben überwechseln, denken und fühlen sie noch wie Kinder.

Auf dem Gebiet der Liebe und der Ehe haben die Psychologen

eine eindrucksvolle Bezeichnung für das, was Paulus mit »kindischem Wesen« bezeichnet – »romantischer Infantilismus«. Was für ein Gegensatz besteht doch zwischen einem solchen romantischen Infantilismus – der nichts weiter ist als eine phantasieerfüllte Liebe, bei der das Ich im Mittelpunkt steht – und der Liebe, von der die Bibel spricht. Diese Liebe zwischen Mann und Frau ist so tief, so stark, so hingebungsvoll und so ausdauernd, daß sie dazu dient, um die Liebe Christi zu seiner Gemeinde zu veranschaulichen.

EROS

»Woher wissen Sie, daß Sie ihn lieben?« frage ich eine junge Studentin.

»Ach«, sagt sie, »jedesmal, wenn ich mit ihm zusammen bin, rüttelt es mich durch und durch!«

Ich sage: »Sie meinen, so wie man eine Maggiflasche schüttelt?«

»Ja, genau so!« antwortet sie.

Nun mag ich Maggi recht gern. Es paßt gut zu Suppen und Soßen. Aber es gehören noch viele andere Dinge auf die Speisekarte, wenn man eine ausgewogene, wohlgenährte Ehe führen will.

Glauben Sie nur nicht, daß ich den Teil der Ehe unterbewerte, in dem es einem durch und durch geht. Die Gefühlsgrundlage ist ein sehr wichtiger Bestandteil in einer reifen Liebe und Ehe. Geschlechtliche Liebe, Eros, ein leibliches Sichhingezogenfühlen – das alles ist Gottes Gabe, sein Gedanke, sein Plan. Er hat diese Gaben dazu bestimmt, ein wichtiger Bestandteil eines reifen Ehelebens zu sein. Und wenn die Eros-Liebe nicht in Ihre Vorstellungen eines ehelichen Beisammenseins hineinpaßt, dann sind Sie nicht für die Ehe geeignet. Ich kann mir gar nichts Schlimmeres vorstellen als mein ganzes Leben lang mit jemand verheiratet zu sein, der die Saiten meines Gefühlslebens nicht zum Klingen bringt!

Wie kommt es, daß heutzutage so viele Menschen immer mehr über Eros und Sex reden, aber immer weniger davon mitbekommen? Warum werden die mit der Impotenz zusammenhängenden Probleme immer größer? Weil es so geht, wie es in einem Lied heißt, daß wir statt der Wirklichkeit die Einbildung, statt eines »lebendigen Mädchens« eine »Papierpuppe« haben.

Jenes Bild von dem »Playmate«, das das Magazin »Playboy« in seinem Mittelteil enthält, kann Sie eines Tages davon abhalten, zu einem wirklich guten Liebhaber zu werden, wenn Sie einem echten Ehepartner aus Fleisch und Blut gegenüberstehen. Die Einbildung wird dann mit der Wirklichkeit konfrontiert. Sie haben doch bemerkt, daß es Play- »Boy« und nicht Play-»Mann« heißt!

Wenn der Eros seinen ihm gebührenden Platz in einem geheiligten Christenleben einnimmt, ist es ein wichtiger und lebensnotwendiger Teil der Ehe. Aber eine Liebe, die nur auf dem Eros, d.h. auf dem körperlichen Verlangen beruht, kann nicht beständig sein.

Es gibt keine zwei Menschen auf Erden, die sich immer nur nacheinander sehnen. Und manchmal sehnen sie sich wohl auch gar nicht nacheinander. Weil die Zeit die äußeren Merkmale verändert, muß sich der Eros in zunehmendem Maße auf die innere Schönheit gründen, wenn es in der Ehe eine beständige Liebe geben soll.

Ein bloßes Verliebtsein ist auch nur eine kindische Grundlage für eine Ehe. Die echte Liebe ist keine geheimnisvolle Macht, die aus dem Weltraum kommt, ganz plötzlich zwei Menschen überfällt und die die Vernunft nicht mehr kontrollieren kann. Wenn die Liebe so auftritt, kann sie auch ebenso geheimnisvoll wieder abtreten, wie sie gekommen ist. Vor einigen Jahren sprachen zwei Fernsehstars ihr Ehegelöbnis, wobei sie bekundeten, daß sie einander achten und lieben wollten »so lange wir beide lieben werden«. Sie veränderten nur einen einzigen Buchstaben und legten damit eine Eheauffassung dar, die völlig entfernt ist von dem Versprechen, sich zu lieben »solange wir beide leben werden«.

Es ist kindisch zu glauben, daß die eigene Liebe an der Stärke der eigenen, persönlichen Empfindungen gemessen werden kann. Das bedeutet vielmehr, daß ich mich in meine Liebesgefühle verliebt habe. Es bedeutet, daß ich mich durch einen anderen Menschen liebe. Und das ist das Selbstsüchtigste, das es gibt. Wer ist denn seinem Wesen nach in seine eigenen Empfindungen verliebt? Ein Baby natürlich. Die moderne Vorstellung von Liebe ist romantischer Infantilismus. Und ein Infantilismus, der auf dem Gebiet des Eros eine plumpe Unausgewogenheit aufweist, erweist sich als nichts anderes als die Eigenliebe eines kleinen Kindes, das zufällig Erwachsenenkleidung trägt, auf der Leinwand eines Hollywoodfilms herumstolziert und versucht, das Phantasiegebilde eines Kindermärchens als verantwortungsbewußtes Erwachsenendrama auszugeben.

PHILIA

In der Bibel gibt es noch ein schönes Wort für Liebe: *philia.* Philia ist Liebe als Freundschaft, die Art der Liebe, die ein gemeinsames Band zwischen den Menschen knüpft, die die gleiche Weltanschauung haben, die die gleichen Ansichten teilen und die gemeinsam für die gleichen Ziele kämpfen.

Die Bibel verbietet einem Christen, jemanden zu heiraten, der nicht auch sein Leben Christus ausgeliefert hat. Die Warnung davor, »nicht am fremden Joch mit Ungläubigen zu ziehen« (2. Kor. 6,14) steht deshalb in der Bibel, weil das die Wesensart der *philia,* d.h. die freundschaftliche Liebe fordert und weil sie eine grundlegende Übereinstimmung der Ansichten und Interesssen voraussetzt. Deshalb ist die Mindestforderung, die die Philia-Liebe stellt, die, daß man mit dem Menschen, den man umwirbt und den man sich anschickt zu heiraten, eins in Christus ist. Ohne ein solches Einssein in Christus besteht keine Möglichkeit zu einer erfolgreichen Ehe.

Das heißt jedoch nicht, daß einfach aus dem Grund, weil zwei Menschen gute Christen sind, sie deswegen schon eine gute Ehe führen können. Wir alle kennen prachtvolle Christen, die sich nie hätten heiraten sollen. Denn eine Philia beinhaltet viel mehr, als das Einssein im Herrn. Sie braucht viele wichtige Faktoren einer persönlichen Übereinstimmung, die das Band der Ehe fest zusammenschweißen.

Es ist töricht, diesen überaus wichtigen Bestandteil bei unseren Betrachtungen über Liebe und Ehe außer Acht zu lassen. Ein kindischer Gedanke, der ein Teil der dämonischen Irreführung ist, die von den Massenmedien ausgeht, ist folgender: »Ich könnte mir gar nicht vorstellen, ihn zu heiraten – wir beide sind ja viel zu gut miteinander befreundet.« – »Ich könnte mich niemals in sie verlieben – sie ist mir eine viel zu gute Freundin.«

Hat man schon je einen größeren Unsinn gehört? Kann man sich denn eine bessere Grundlage für eine Ehe vorstellen als die Tatsache, daß man gut miteinander befreundet ist? Oder betrachten wir es einmal umgekehrt: Möchten wir denn ein Leben lang mit jemand zusammensein, der uns nicht ein wirklicher Freund oder eine wirkliche Freundin ist? Wenn wir auf Brautschau ausgehen, kann sich folgende Frage als sehr nützlich erweisen: »Sind wir beide solche Menschen, die ein Leben lang freundschaftlich zusammen leben können, selbst wenn es nie eine geschlechtliche Gemeinschaft zwischen uns gäbe?« Die Frage ist recht hart, aber sie ist wichtig.

AGAPE

Bis wir richtig erwachsen sind, haben wir uns eine lange Wunschliste zurechtgelegt, wie unser Ehepartner aussehen sollte. Es ist jedoch durchaus möglich, daß der Mensch, der am besten zu uns paßt und zu dem uns Gott hinführt, ganz anders ist als der, den wir uns erträumt haben, ja, daß er das genaue Gegenteil davon ist. Hier gilt es für uns, daß wir die dritte Art von biblischer Liebe verstehen lernen, die für eine gereifte Ehe unbedingt notwendig ist, die *Agape*. Agape ist die Liebe, die allein von Gott kommt und in allen ihren Wesensmerkmalen gottähnlich ist. Es ist eine Liebe, die sich um den anderen bemüht und sich selbst hingibt. Die Agape hat ihren Urgrund nicht in den Gefühlen, sondern im Willen. Sie beruht nicht einmal auf den Gemeinsamkeiten einer Philia oder einer Freundschaft, sondern hat ihren festen Grund in der Hingabe des Willens. Es ist das Hingegebensein an die Liebe, die allen Widerständen trotzt.

Was für eine Liebe ist das nun? Wenn wir das erkennen wollen, müssen wir immer wieder das 13. Kapitel des 1. Korintherbriefes lesen. Sie ist ein Hingegebensein an die Fürsorglichkeit und den Schutz, an das Lieben und das dem-anderen-eine-Freude-machen, wobei man die Verantwortung für das Wohlergehen des betreffenden Menschen auf sich nimmt. Sie ist ein sichtbar gewordenes Glaubensleben, das im Bundesschluß Gottes mit uns begründet ist, und sie kann jeden Wechsel der Stimmungen und der Umstände überdauern.

DIE EHE IST FÜR ERWACHSENE

Eine gereifte, christliche Ehe enthält folgende Bestandteile: *Eros,* Verlangen, geschlechtliche Anziehung, *Philia,* echte Freundschaft, gemeinsame Interessen und Ziele, *Agape,* eine tiefe Hingabe an ein praktisches Glaubensleben, das auf der Verheißung Gottes ruht. Die eheliche Liebe ist eine äußerst wertvolle und anfällige Mischung aus diesen drei Bestandteilen. Die romantische oder Eros-Liebe ist eine feine Hilfe am Beginn einer Ehe. Sie ist wie die Rakete, die die Raumkapsel in die Umlaufbahn bringt und dann abfällt. Es bedarf anderer Arten von Energie, um diese Raumkapsel auf ihrem erfolgreichen Flug zum Ziel zu halten. Es bedarf eines Ablegens der kindhaften unausgewogenen Vorstellungen von Liebe, um eine erfolgreiche Ehe zu führen.

»Als ich ein Kind war«, sagt Paulus, »dachte ich wie ein Kind.« Ja, aber die Ehe ist für Erwachsene.

GEGENSEITIGES VERSTEHEN

Das gegenseitige Sich-verstehen ist das größte Problem in der Ehe. »Als ich ein Kind war, sprach ich wie ein Kind, dachte ich wie ein Kind, aber jetzt, wo ich erwachsen bin, denke ich wie ein Erwachsener.« Es ist gut für uns, daß Paulus so genau definiert, was er mit dem »Denken wie ein Erwachsener« meint. »So, daß wir nicht mehr Kinder sind, die sich hin- und herbewegen lassen..., vielmehr laßt uns in der Liebe die Wahrheit reden und dabei in jeder Hinsicht heranwachsen« (Eph. 4,14-15). Wie schön und wie genau er das ausdrückt! Paulus war in den grundlegenden

Regeln des gegenseitigen Sich-verstehens unserer Zeit zweitausend Jahre voraus. »Die Wahrheit in der Liebe reden« ist ein christliches Sich-verstehen, wie es Erwachsenen zukommt.

Die wichtigste Ursache einer unglücklichen Ehe ist die Unfähigkeit der Ehegatten, offen und in der Liebe miteinander umzugehen. Nur allzu oft geht man in der Ehe noch auf kindischer Ebene miteinander um. Wie tun das Kinder?

Manche Kinder sagen zwar die Wahrheit, aber sie sind dabei grausam, scharf und verletzend. Ein Sprichwort sagt: »Mit Stöcken und Steinen kann man mir wehtun, aber nie mit Schimpfwörtern.« Das stimmt aber nicht! Schimpfwörter können verletzen, und zwar in sehr schmerzhafter Weise. Kinder sind manchmal sehr grausam: sie sprechen die Wahrheit, aber nicht in der Liebe.

Dann gibt es Kinder, die nicht die Wahrheit sagen können. Ich meine dabei gar nicht, daß sie lügen. Sie haben vielmehr zu große Angst davor, ihren Gefühlen Ausdruck zu verleihen. Vielleicht hat man ihnen jedesmal, wenn sie ihre Gefühle zum Ausdruck brachten, verboten sich so zu verhalten. Oder vielleicht haben sie es nie erlebt, wie die Menschen, mit denen sie zusammen waren, ihren Gefühlen freien Lauf ließen. Es sind zwar liebevolle Kinder, aber sie können nicht die Wahrheit sagen.

»Die Wahrheit in der Liebe reden«, darin liegt das Geheimnis. Darin ruht eine gefestigte und gereifte christliche Ehe. Doch ein solches Reden will gelernt sein. Vielleicht sollte ich eher sagen, muß verlernt sein, weil wir in vielen Fällen erst einmal Dinge verlernen müssen, die man uns zu Hause beigebracht hat oder die wir durch unsere Lebenserfahrung und unsere kranke Kultur erlernt haben. Wir müssen dies *kartagein.* Wir müssen sie ablegen, und zwar manchmal im heißen Ringen, mit Schweiß und Tränen, und unsere ganze Art des Miteinanderumgehens ändern. Es ist doch eigentlich unglaublich, daß ein Ehepaar sich lieben, miteinander leben, eheliche Beziehungen haben und gemeinsam Kinder erziehen kann und doch nie gegenseitig das zum Ausdruck bringt, was der Einzelne eigentlich fühlt? Und wir Prediger tragen unser Teil zu dieser Schwierigkeit bei; denn wir hinterlassen bei unseren Gemeindegliedern oft den Eindruck, daß es Sünde sei, in der Ehe

Konflikte offen auszutragen. Was bei einer solchen Auffassung zu kurz kommt, ist die Tatsache, daß Eheleute auf die eine oder andere Art stets miteinander Umgang haben. Und indem sie es unterlassen zu sagen, was nun eigentlich nicht stimmt, drücken sie in einer anderen ungeheiligten Art ihre Verstimmung, ihre Verärgerung und ihren Zorn aus.

Manche Menschen müssen die kindischen Unwirklichkeiten verlernen, die man ihnen im Namen Jesu beigebracht hat. Sie müssen es lernen, daß es im Leben von Christen so etwas wie eine konstruktive Auseinandersetzung gibt und daß das die Art ist, wie Erwachsene mit ihren Verärgerungen fertig werden. Viele Menschen halten die Auseinandersetzungen auf einer kindhaften, verletzenden Ebene. Sie hüllen sich in Stillschweigen und meinen dabei, sie seien geduldige, gute Christen. Sie gehen jeder Verärgerung aus dem Weg, weil man ihnen beigebracht hat, das sei geistlich. Ich sage den Ehepartnern oft, die zu mir in die Seelsorge kommen, dies sei das Grundübel bei ihnen, daß sie es nicht gelernt haben, sich wie Christen zu streiten! Vieles von dem, was unter der Rubrik »Unterwürfigkeit« läuft, ist in Wirklichkeit ein Mangel an Mut, sich miteinander auseinanderzusetzen.

Gibson Winter erinnert uns daran, daß eine Auseinandersetzung immer der Preis für ein immer inniger werdendes Verhältnis zwischen Menschen ist und daß sie nur dann gelöst werden kann, wenn man den rechten Umgangston miteinander findet. Ein schlechter Umgangston kommt entweder daher, daß man nicht die Wahrheit spricht oder daß man nicht in der Liebe spricht. Entweder läßt man es langsam angehen, bis man so voll Groll und Ärger ist, daß es plötzlich wie eine Explosion aus einem herausbricht, oder man verbirgt seine wahren Gründe, und die Not bricht sich auf eine andere Weise Bahn.

»Als ich erwachsen wurde«, sagt Paulus, »legte ich die kindische Form des Umgangs mit anderen ab, ich lernte es, die Wahrheit in Liebe zu reden.« Das bedeutet auch Auseinandersetzung und Streit, was sich am Ende aber als schöpferisch und hilfreich herausstellt. Es geht immer so aus, daß am Ende der Streit sich löst und so die gegenseitige Liebe vertieft wird.

Meine Frau und ich führen viele Eheseminare durch. Die Geschichte über den rechten Umgang miteinander, die wir dabei am liebsten erzählen, handelt von einem Ehepaar, das an einem solchen Wochenendseminar teilnahm. Die Frau wollte zwei- bis dreimal wöchentlich das Abendessen bei Kerzenschein einnehmen. Aber der Mann sagte dann immer: »Ich möchte sehen, was ich esse!« oder: »Du willst mich wohl vergiften?« Aus diesem kleinen Streit wurde mit der Zeit ein großer.

Jedesmal, wenn die Frau Kerzen aufstellte, ließ der Mann sie spüren, daß er das nicht mochte. »Schon wieder Kerzen?«

Natürlich war die Stimmung beim Essen auf dem Tiefpunkt, und die Frau war sichtlich gekränkt. Doch es wurde nie darüber gesprochen. Es ging um Kerzenlicht gegen Nichtkerzenlicht.

Während einer Übung im rechten Umgangston brach dann die Frau endlich ihr Schweigen. Sie war ein Heimkind gewesen und die Leute, bei denen sie schließlich aufwuchs, waren sehr arm. Sie aßen in der Küche vom ungedeckten Tisch. Das einzige Licht im Zimmer war eine Birne ohne einen Lampenschirm. Sie baumelte da und schwang immer hin und her, wenn die Küchentür aufging. Und die Frau hatte sich in ihrer Jugend geschworen: »Wenn ich heirate, will ich einmal ein schönes Haus mit einem Eßzimmer haben, und wir werden bei sanftem Licht essen.«

Als die Frau dies berichtete, war ihr Mann regelrecht zerbrochen. »Ach, mein Schatz«, sagte er, »du kannst von nun an so viele Kerzen anstecken, wie du willst. Ich verstehe dich jetzt.« Und als er nun Verständnis für ihren Wunsch aufbrachte, Kerzen zu haben, stellte sich heraus, daß sie dies gar nicht mehr so oft brauchte. Das ist gewöhnlich so! Was wir eigentlich brauchen, ist jemand, der uns nahesteht, uns versteht.

Lassen Sie Ihren Gefühlen freien Lauf! Machen Sie sich keine Sorgen, wenn es zuerst so aussieht, als ob Sie nur lernten, wie Sie Ihren mehr negativen Gefühlen freien Lauf lassen können. Wenn erst einmal diese Gefühle ans Tageslicht treten, werden Sie es auch lernen, den tief in Ihrem Inneren angelegten positiven Gefühlen Ausdruck zu verleihen. Ich habe Jahre gebraucht, um das zu entdecken, und es hat mich manchen Tropfen Schweiß gekostet. Trotz all meiner Redegabe und meiner Mitteilungsfreudigkeit, ja sogar trotz meiner ehrlich und offen geführten seelsorgerlichen Gespräche bin ich im tiefsten Innern ein einsamer Mensch. Als ich elf Jahre alt war, brachten meine Eltern meinen Bruder und mich vom Missionsfeld zum Heimataufenthalt. Im Jahr darauf gingen Mutter und Vater zurück nach Indien und ließen uns bei unseren Großeltern. Wir dachten, wir würden unsere Eltern in ein paar Jahren wiedersehen, aber der zweite Weltkrieg brach aus, und sie saßen in Indien fest. Als ich meine Eltern dann wiedersah, war das erst an meinem zwanzigsten Geburtstag!

Ich weiß, wie das ist, wenn man während der Sommerferien als einziger Schüler im Internat bleiben muß. Die Einsamkeit kann einem ganz schön unter die Haut gehen. Damals habe ich gar nicht gemerkt, wie sich Schichten von nicht zum Ausdruck gekommenen Gefühlen in mein Seelenleben eingruben. Erst als ich heiratete, entdeckte ich, wer ich eigentlich war: ein einsamer, schüchterner kleiner Junge, der seine tiefsten Gefühle nicht zum Ausdruck bringen konnte. Oh ja, in Predigten gelang mir das – vielleicht benutzt Gott das, um unsere Schwächen auszugleichen –, und ich konnte teilnahmsvoll zuhören, wenn andere zu mir in die Seelsorge kamen. Aber ich konnte meine Gefühle nicht demjenigen Menschen gegenüber zum Ausdruck bringen, bei dem ich mir das am meisten wünschte: meiner Frau.

In jener Anfangszeit unserer Ehe redete ich mir immer wieder zu, daß es am Abend doch ganz anders werden sollte. Heute Abend, wenn ich nach Hause komme, würde ich meiner Frau sagen, wie lieb ich sie habe. Und so probte ich den ganzen Tag über.

Als wir als Missionare nach Indien gingen, fuhr ich mit dem Jeep auf die Dörfer und war manchmal wochenlang fort. Und wie habe ich da geprobt! Aber sobald ich zur Tür hereinkam, gefror ich. Jene alte Mauer aus meiner Kinderzeit trennte uns. Ich versuchte mich hindurchzuboxen, bis meine Hände buchstäblich blutig und zerschunden waren. Das brachte unsere Ehe in Not, und wir beide verzweifelten.

Was geschehen mußte, war, daß ich meiner Frau mein tiefstes Seelenleben offenbaren mußte. Was war das denn für ein Seelenleben? Es war der ängstliche, einsame kleine Junge mit all seinen Schwächen. Mein ganzes Leben lang hatte ich davor Angst gehabt. Nach außen hin war ich ja so tapfer! Meine Frau konnte ihre Gefühle zum Ausdruck bringen; sie erzählte mir, wovor sie

Angst hatte und wie die Leute ihr auf die Nerven fielen. Aber ich konnte das nicht. Ich war immer der Tapfere. Dabei war da die ganze Zeit dieser ängstliche, einsame kleine Junge in mir. Aber Gott ist treu. Eines Tages brach das Eis, und ich legte meiner Frau mein eigentliches Ich dar, das furchtsame, einsame Kind in mir. Ich sagte ihr alles, und schluchzte dabei gelegentlich unkontrollierbar. Wissen Sie, das da geschah? Etwas ganz Wunderbares! Ich entdeckte, daß sie nicht schwach, sondern erstaunlich stark war. Sie öffnete sich wie eine Blume unter der Sonne. Sie stützte und stärkte mich. Und das Allerbeste war: Als meine Schauspielerei zu Bruch ging, da konnte ich ihr ganz frei heraus sagen, wie lieb ich sie hatte. Das Eis war gebrochen, und das Wasser konnte frei dahinfließen. Ich konnte meine tiefsten Gefühle zum Ausdruck bringen, die positiven wie auch die negativen.

Christen mit Konflikten? Ja, wenn sie wirklich schöpferische und gereifte Gotteskinder sein wollen! Sie sollen nicht mehr Kinder sein, die sich von Gefühlen und Umständen umtreiben lassen, sondern Erwachsene, die die Wahrheit in der Liebe sprechen und dabei in allen Stücken wachsen.

Eine gereifte Liebe zwischen Christen in einer guten Ehe ist das Ergebnis von Hingabe und Arbeit. Meine Frau und ich arbeiten schwerer an unserer Ehe als an allen anderen Dingen auf der Welt. Das Eine sollten Sie wissen: das allerkindischste, ungereifteste Mißverständnis einer Ehe liegt in der Überzeugung, daß die Liebe sich selbst aufrechterhält und daß eine gute Ehe ganz automatisch dann zustandekommt, wenn zwei feine gläubige Menschen einander heiraten. Wenn Sie von dieser unbiblischen Meinung loskommen, dann machen Sie echte Fortschritte. Eine Ehe ist ein hartes Stück Arbeit, aber man kann sie dann auch genießen. Und Sie werden finden, daß sich die Mühe lohnt. Fangen Sie doch jetzt schon an, sich darin zu üben! Die Ehe ist die beste Vorbereitung auf den Himmel, die ich kenne.

»Ich ermahne euch nun, liebe Brüder, durch die Gnade Gottes, daß ihr eure Leiber als ein lebendiges und heiliges Opfer darbringt, das Gott wohlgefällig ist; das ist euer Gottesdienst im Geist. Und stellet euch nicht dieser Welt gleich, sondern verändert euch durch die Erneuerung eures Geistes, damit ihr sicher erfahrt, was Gottes Wille ist, nämlich das, was gut, annehmbar und vollkommen ist. Denn durch die Gnade, die mir gegeben ist, sage ich jedermann unter euch, er möge nicht höher von sich denken als es recht ist, sondern er solle so denken, daß er ein gesundes Urteil hat, wie Gott einem jeden das Maß des Glaubens zugeteilt hat.« *(Römer 12,1-3)*

Kapitel 6

Kindische Vorstellungen über Gott und seinen Willen

Ein Astronom unterhielt sich mit einem Prediger, der den hervorragenden Wissenschaftler auf Gott hinweisen wollte. Der Astronom wehrte das mit einem Achselzucken ab und sagte: »Meine Theologie ist ganz einfach: ›Tue Gutes und liebe deinen Nächsten wie dich selbst!‹« Darauf antwortete der Prediger: »Ja, und meine Astronomie ist auch ganz einfach: ›Blinke, blinke kleiner Stern!‹«

Einige von uns haben eine solche Vorstellung von Gott, und das vor allem dann, wenn es um die Erkenntnis des Willens Gottes geht. Die Frage, um die es uns dabei eigentlich geht, lautet: »Wie handelt Gott, um seinen Willen in dieser Welt durchzusetzen?« Mancher mag da vielleicht denken: »Das ist doch eine theoretische, so weit hergeholte Frage. Die paßt vielleicht für eine Philosophievorlesung, aber was hat sie mit mir und meinem Alltagsleben zu tun?«

Ich möchte Ihnen drei wahre Geschichten erzählen, die uns klarmachen sollen, wie wichtig es ist, daß wir unsere unangebrachten und unreifen Vorstellungen loswerden über Gott und wie er seinen Willen in der Welt zur Durchführung bringt.

Ein junges Paar hatte sein Baby kurz vor Mitternacht in die Klinik gebracht. Nachbarn hatten mich früh um drei Uhr angerufen, und ich war zur Stelle und wartete auf das Paar, als sie vom Krankenhaus nach Hause kamen. Die junge Mutter rang die Hände und weinte herzzerbrechend, weil ihr Baby gestorben war. Sie schluchzte laut und sagte dann: »Ganz sicher ist das Gottes Wille... Wenn aber der Facharzt nur rechtzeitig dorthin gekommen wäre, hätte er es retten können.« Erkennen wir diesen verworrenen Angstzustand recht? Sollte das etwa heißen, wenn der Arzt rechtzeitig zur Stelle gewesen wäre, er den Willen Gottes hätte austricksen und umgehen können?

1973 ging eine tragische Geschichte durch alle Zeitungen

unseres Landes. Ein Ehepaar, das es sicher gut meinte, hörte einen herumreisenden Heiligungsevangelisten predigen, man dürfe keine Medizin nehmen. Die Leute gingen heim und nahmen ihrem zuckerkranken vierzehnjährigen Sohn das Insulin weg. Nach wenigen Stunden lag der Junge im Koma, und nach wenigen Tagen war er tot. Dann warteten sie drei Tage und meinten, Gott würde den Jungen schon wieder erwecken. Schließlich wurden sie von der Behörde dazu gezwungen, das Kind zu beerdigen. Heißt das, Gott will, daß wir Insulin nehmen, wenn wir zuckerkrank sind, oder will er das nicht? Heißt das, daß Gott Heilung auf dieser Erde nur durch ein direktes Eingreifen geschehen läßt ohne alle Hilfsmittel?

Wenn Gott die in Unordnung gekommenen chemischen Abläufe in unserem Körper durch ein Heilmittel in Ordnung bringt und somit unser Leben rettet, wenn er mich durch eine Brille wieder gut sehen läßt, wenn er uns durch eine Herzoperation, durch das Einsetzen eines Herzschrittmachers oder eine Operation ein neues Leben schenkt, ist das alles dann Gottes Wille?

Vor ungefähr zehn Jahren hatte ein glänzend begabter Medizinstudent sein Studium beendet. Er heiratete eine feine gläubige Christin, die auch Ärztin war, und sie machten schon Pläne, um aufs Missionsfeld zu gehen. Nur 6 Wochen nach ihrer Hochzeit fuhren sie zu Besuch zu den Eltern der Frau. Deren Mutter, die früher einmal Patientin in einer Nervenheilanstalt gewesen war, geriet wieder in geistige Verwirrung, zog plötzlich einen Revolver hervor und erschoß den jungen Ehemann. Ich habe tatsächlich Leute sagen hören, daß dies Gottes Wille gewesen sei. Wie in aller Welt kann man eine solche Ungeheuerlichkeit wohl als den Willen Gottes bezeichnen?

WAS IST GOTTES WILLE?

Wie bringt Gott seinen Willen in dieser Welt zur Ausführung? Das ist gar keine so abwegige Frage! Es ist vielmehr eine der wichtigsten Fragen im Alltagsleben eines Christen. Sie ist so wichtig, daß wir uns hierüber von vielen kindischen und unreifen Vorstellungen freimachen müssen. Paulus sagt: »Seid Kinder im Bösestun, aber erwachsen in eurer Denkweise« (1. Kor. 14,20 wörtl. nach der eng. Übers.)

Und wir sollten erwachsen werden, bevor uns das Unglück überfällt, weil wir dann einen sicheren Anker in den Lebensstürmen haben, einen Anker, der uns festhält, wenn »Stürme auch drohen von fern«, und wir meinen, wir hätten nicht Kraft genug, uns an irgendetwas anzuklammern. Es gibt viele Menschen, die Gott gegenüber Groll empfinden und ihn hassen, weil sie sein Wirken in dieser Welt völlig mißverstehen. Und es gibt auch Christen, die verworrene Vorstellungen darüber haben. Ich meine, daß diese Verwirrungen dadurch entstehen, weil wir den Ausdruck »Der Wille Gottes« so verwenden, daß mehrere Bedeutungsebenen in ihm beschlossen liegen. Es gibt mindestens drei solcher Ebenen:

Der beabsichtigte, vollkommene Gotteswille
Der den Umständen entsprechende Gotteswille im Sinne einer Zulassung
Der endgültige Wille und die endgültige Absicht Gottes

DER BEABSICHTIGTE WILLE

Der beabsichtigte Gotteswille ist der vollkommene Wille Gottes für unser persönliches Leben und für die Welt. Jesus hat das negativ folgendermaßen ausgedrückt: »Es ist nicht der Wille eures Vaters im Himmel, daß einer von diesen Kleinen zugrunde geht« (Matth. 18,14). Für das Ziel, das Gott mit unserem persönlichen Leben hat, setzt er seine ganze väterliche Güte ein.

Es wird höchste Zeit, daß wir alle kindischen und unbiblischen Vorstellungen darüber loswerden, daß alles, was heute in der Welt geschieht, in dem Sinn Gottes Wille sei, daß Gott es beabsichtigt hat. So vieles von dem, was geschieht, ist böse, schädlich und zerstörerisch und fällt unter die zweite Bedeutung – der den Umständen entsprechende Wille Gottes im Sinne einer Zulassung. Man darf es auf keinen Fall als den beabsichtigten Willen Gottes ansehen.

Wir müssen uns darüber klar werden, daß der beabsichtigte,

vollkommene Gotteswille in der gegenwärtigen Zeit vom Willen des Menschen besiegt werden kann. Wenn das nicht wäre, hätten die Menschen keinerlei wahre Freiheit. All das Böse, das zeitweise erfolgreich ist, läßt zeitweise den vollkommenen Gotteswillen in den Hintergrund treten. Es gibt viele Tragödien, die weit von der tatsächlichen Absicht Gottes entfernt sind: die verhungernden Kinder in Kambodscha; die Millionen von Menschen, die in Indien auf der Straße leben müssen; die Schrecken der Kzs; die über 10.000 Menschen, die jedes Jahr auf Deutschlands Straßen ihr Leben lassen müssen; der Mißbrauch an Kindern; Terror und, und, und. Keine Aussicht auf einen Ehepartner, Scheidung, Witwenstand. Ja, es kann soweit gehen, daß wir bei einer Prüfung durchfallen. Die Liste ist endlos. Man mag diese Dinge böse nennen oder sie als die Frucht der menschlichen Sünde, Unwissenheit, Dummheit oder Selbstsucht bezeichnen. Man mag sie als die unentrinnbaren Folgen der Sünde im persönlichen und gesellschaftlichen Bereich ansehen, wir dürfen sie aber auf keinen Fall als den beabsichtigten, geplanten Gotteswillen bezeichnen.

Es gibt Menschen, denen der Gedanke sehr beruhigend erscheint, daß ihre Tragödie der beabsichtigte Wille Gottes sei, aber letzten Endes liegt nie ein echter Trost und eine wahre Hilfe in dem, was gar nicht zutrifft. Wenn wir unsere Hilfe auf eine Vorstellung von Gott gründen, die nicht zutrifft, dann werden wir in der Stunde der echten Not keinen Halt und Sinn finden. Und vielleicht kommt es dann gar so weit, daß wir Gott grollen und uns selbst großen seelischen und geistlichen Schaden zufügen.

DER WILLE GOTTES IM SINNE EINER ZULASSUNG

Der den Umständen entsprechende Wille Gottes im Sinne einer Zulassung ist es, der in unserer gefallenen Welt am Wirken ist. Paulus sagt: »Wir wissen, daß die ganze Schöpfung seufzt und sich immerdar sehnt« (Römer 8,22). Nicht nur wir als Menschen haben Unvollkommenheiten und Schwächen, sondern der grundsätzliche Mangel der Unvollkommenheit durchzieht die ganze Natur mit all ihren Katastrophen. Die Sünde ist so, daß sie in der geschaffenen Welt eine grundlegende Verwirrung und Unvollkommenheit geschaffen hat. Und eben wegen dieser Unausgewogenheit, wegen der menschlichen Dummheit und Sünde und weil der freie Wille des Menschen oft böse Verhältnisse schafft, gibt es einen den Umständen entsprechenden Willen Gottes im Sinne einer Zulassung.

Als ein Kleinkind einmal aus einem Fenster im fünften Stock fiel, fragte jemand, ob der Tod dieses Kindes der Wille Gottes sei. Merken wir jetzt, wie wichtig es ist, daß unsere Vorstellungswelt in Ordnung kommt, bevor wir diese Frage beantworten können? Nach einem ähnlichen tragischen Unfall sagte ich bei der Beerdigung, daß Gott so etwas nie vorgehabt hätte. Und die ganze Woche danach erhielt ich eine Flut von Anrufen von Leuten, die mich fragten: »Das haben Sie doch so nicht gemeint?« Meine Antwort lautete: »Doch, das habe ich so gemeint! Ich kann nicht sagen, daß Gott es so wollte, daß dieser Unfall geschah.« Ich könnte einem solchen Gott nicht dienen.

Gottes Willen liegt in den Umständen, von denen solche Unfälle begleitet werden, daß das Gesetz der Schwerkraft seine Wirkung entfaltet. Es ist Gottes Wille, daß ein Baby aus Fleisch und Blut besteht, nicht aus Plastik oder Gummi. Nach dem Gesetz der Schwerkraft ist es so, wenn Fleisch und Blut auf Beton aufprallen, ein zerquetschter Körper die Folge ist. Dasselbe Gesetz, das es dem Kind ermöglicht, auf der Erdoberfläche zu stehen, ist die Kraft, die töten kann. Das Gesetz wird nicht aufgehoben, wenn wir sündigen oder wenn wir unvorsichtig sind; es wird auch nicht aufgehoben, wenn wir in einem Unfall die schuldlosen Beteiligten sind. Es liegt in dem den Umständen entsprechenden Willen Gottes, daß die in Römer 8,28 aufgestellte Richtschnur so überaus wichtig für unser Glaubensleben ist. Viele Dinge, denen es in dieser Welt möglich ist uns zuzustoßen, sind der Preis:

1) einer Welt, die aus verläßlichen Gesetzen besteht, auf deren Wirksamkeit wir uns verlassen können und

2) einer Welt, in der die Freiheit der sittlichen Entscheidung gilt.

Bestimmte Geschehnisse ereignen sich also innerhalb des Willens Gottes, der den Umständen entspricht, aber nicht unmittelbar, weil Gott sie so beabsichtigt oder weil er sie so haben will. Die wunderbare Zusicherung der Schrift ist, daß Gott es nicht zuläßt, daß uns irgendetwas zustößt, das aus sich heraus seine endgültigen Absichten zunichte macht oder seine Kinder besiegen kann.

L. Weatherhead, dem ich diese Erkenntnis verdanke, sagt es so: »Nichts kann uns zustoßen, das Gott nicht zu unserem Besten gebrauchen könnte.« Und das verschafft uns eine ganz andere Ausgangsposition, weil es nie der Anlaß an sich ist, der dazu führt, daß uns ein Umstand zum Besten dient, sondern vielmehr ist es die Tatsache, daß Gott selbst am Wirken ist. Gott selbst verändert das Wesen einer Tragödie nicht, er läßt sie auch nicht unwirksam werden – all das Böse, das damit zusammenhängt, all das Schreckliche und all die Schmerzen. Aber Gott kann mit uns zusammenwirken und die Bedeutsamkeit des Anlasses für unser ganzes Leben so verändern, daß sein Wille unter den gegebenen Umständen zum Tragen kommt.

Weil Gott alle Dinge benutzen kann, wird das Wirksamwerden seines Willens stets zum Gewinn für uns. Deshalb kann kein Christ jemals sagen: »Sehen Sie, ich wollte dies und jenes tun, aber ich wurde das Opfer einer schrecklichen häuslichen Lage, eines tragischen Unfalls, einer Krankheit, einer Ungerechtigkeit, eines Verlustes – was blieb mir also weiter übrig?« Es gibt keine Umstände, die aus sich selbst heraus so todbringend sind, daß sie einen Christen vernichten, oder daß sie Gott eine Niederlage zufügen könnten – nicht einmal der Tod selbst. Gott läßt sich durch keine wie auch immer geartete Verknüpfung von Umständen aus dem Feld schlagen.

DER ENDGÜLTIGE WILLE

Der endgültige Wille Gottes kann niemals zunichte gemacht werden. Weatherhead gebraucht folgendes sehr schöne Bild: Stellen Sie sich vor, ein paar Kinder spielen in einem kleinen Gebirgsbach. Sie leiten den Bach ab, indem sie kleine Dämme aus Schlamm und Steinen bauen, und sie lassen ihre Bootchen in den Pfützen und Lachen herumschwimmen. Aber der Bach fließt weiter hinab zum Fluß. Und nun stellen Sie sich Männer vor, die große Dämme errichten und den Lauf von Flüssen mit Seen und

Schleusen verändern, indem sie ihren Lauf umleiten. Doch nicht einmal sie können es verhindern, daß die Ströme ins Meer fließen.

In unserem Leben kann so vieles – unsere Sünden und Fehler, die geschichtlichen Umstände, die Sünden anderer an uns – Gottes Pläne und Absichten zeitweise zurückdrängen. Selbst unter neuen Umständen, die aus Bosheiten, Krankheiten und Unfällen entstehen können, wird Gott andere Kanäle öffnen, durch die er seinen endgültigen Willen zur Ausführung bringt.

Was bedeutet es: Gott ist allmächtig?

Es bedeutet nicht, daß Gott durch reine Machtentfaltung zum Ziel gelangt. Dann wäre unsere Freiheit nur eine Einbildung, und ein sittliches Wachstum wäre unmöglich. Daß Gott Macht hat heißt, daß er die Fähigkeit besitzt, seine Pläne zur Durchführung zu bringen. Wenn man sagt, daß Gott allmächtig ist, dann heißt das, daß nichts geschehen kann, was seinen Willen endgültig zum Scheitern bringen kann.

Die angesehenen Menschen zur Zeit Jesu nahmen den schuldlosen Sohn Gottes mit böser Absicht gefangen und schlugen ihn ans Kreuz. Vom rein menschlichen Standpunkt aus war es das abscheulichste Verbrechen, das die Geschichte kennt. Aber sechs Wochen später predigten die Jünger Jesu über genau diesen Kreuzestod. Gott hatte aus dem Verbrechen der Menschen das Werkzeug gemacht, mit dem er die ganze Welt rettete.

Unglücksfälle, Katastrophen und die Bosheit der Menschen verursachen schreckliche Schmerzen. Aber für diejenigen unter uns, die Gott lieben, die berufen sind und die mit seinen Plänen zusammenarbeiten, gilt, daß unsere Leiden uns nicht von seiner Liebe trennen und daß sie nicht die Ausführung seiner Pläne in unserem Leben zunichte machen können.

William Barclay, ein Professor für Bibelkunde an der Universität von Glasgow, war ein sehr fruchtbarer Schriftsteller. Barclays berühmte Kommentare zum Neuen Testament sind weltbekannt und in viele Sprachen übersetzt. Obwohl wir nicht mit allen seinen theologischen Schlußfolgerungen übereinstimmen, sind diese Kommentare doch unerreicht hinsichtlich der Aufschlüsse, die sie über die Zeitumstände zur Zeit der Abfassung des Neuen Testaments geben.

»Wie ist Barclay das nur gelungen?« ist eine Frage, die sich viele gestellt haben. Er schrieb Zeitungsartikel, gab Bücher heraus, erschien auf dem Bildschirm, arbeitete als Rektor einer Universität, nahm sich Zeit für seine Studenten und hörte ihnen zu – Wie hat er das alles bloß geschafft? Er hat das ganz anders geschafft, als es die meisten von uns je tun würden.

Als Barclay entdeckte, daß er taub wurde, sah er sich vor die Entscheidung gestellt: Sollte er sich im Selbstmitleid in sich selbst zurückziehen und seine Karriere beenden? Das wäre ein entsetzlicher Schlag für ihn gewesen. Wer wagt zu behaupten, daß Taubheit der beabsichtigte, vollkommene Gotteswille für William Barclay oder für sonst jemand sei? Barclay wußte, daß er im Willen Gottes eingeschlossen war. Trotz dieser Umstände, die eine Zulassung Gottes beinhalten. Er klammerte sich mit aller Macht an die Verheißung aus Römer 8,28 und beschloß, daß er sich seine neue Welt, die für ihn aus einer fast völligen Stille bestand, so gut wie möglich zu Nutze machen wollte. Von allen anderen Lebensäußerungen abgeschnitten, ergab er sich in völliger Konzentration der inneren Stimme des Wortes Gottes. Und selbst, als ihm ein Hörgerät Hilfe verschaffte, schaltete er es oft ab, um in einer Welt des Schweigens leben zu können. Anstatt sich zu bemitleiden, hüllte er seine Taubheit in Römer 8,28 ein und benutzte sie dazu, den Plan zur Ausführung zu bringen, den Gott mit seinem Leben hatte.

Möge Gott uns dazu verhelfen, daß wir hierüber ein echtes biblisches Verständnis gewinnen. Wie Paulus es formulierte, so möchte ich es auch zum Abschluß sagen: »Brüder, Schwestern, denkt über diese Dinge nach. Seid in eurem Denken gereift, weil eines Tages euer eigenes seelisches Gleichgewicht und euer eigenes Glaubensleben oder das eines anderen davon abhängen kann, daß wir im Blick auf den Willen Gottes ein gereiftes Verständnis an den Tag legen.«

O Herr, wir haben mit tiefen und schwierigen Dingen in unserem Leben zu kämpfen. Wir wissen aus eigener Erfahrung, wie unendlich schwer es uns fällt, deine Wege und deinen Willen für unser Leben zu erkennen. Errette uns von kindischen Halbwahrheiten, die unseren Glauben zerstören. Wir bitten dich, du mögest uns helfen, unser Leben

als gereifte Christen verstehen zu lernen, dich selbst zu erkennen und mit dir in der Ausführung deines Willens mit unserem Leben zusammenzuarbeiten.
In Jesu Namen, Amen.

»Und es geschah, während er an einem bestimmten Ort betete, daß nach seinem Beten einer seiner Jünger zu ihm sagte: »Herr, lehre uns beten, so wie Johannes seine Jünger lehrte.« *(Lukas 11,1)*

»Ihr sollt folgendermaßen beten:
Vater unser, der du bist im Himmel,
geheiligt werde dein Name.
Dein Reich komme.
Dein Wille geschehe wie im Himmel,
so auf Erden.
Unser täglich Brot gib uns heute.
Und vergib uns unsere Schuld,
wie auch wir vergeben unseren Schuldigern.
Und führe uns nicht in Versuchung,
sondern erlöse uns von dem Bösen.
Denn dein ist das Reich, und die Macht,
und die Herrlichkeit in Ewigkeit.«

(Matthäus 6,9-13)

Kapitel 7

Kindische Vorstellungen über das Beten

Wir wollen uns auch in diesem Kapitel mit dem Willen Gottes befassen, aber unsere Betrachtungen jetzt auf die Stelle richten, wo der Wille Gottes uns ganz persönlich trifft, nämlich in unserem Gebetsleben. Falsche und unpassende Vorstellungen über das Gebet wirken sich erschreckend zerstörerisch im Leben der Christen aus, die versuchen, im Glauben zu wachsen. Und sie halten Millionen von Menschen überhaupt von Gott ab.

In einem der bekanntesten Bücher von S. Maugham »Der Menschen Hörigkeit« steht die Geschichte von einem kleinen Jungen namens Philipp. Philipp ist mit einem Klumpfuß zur Welt gekommen, er ist ein Krüppel und dadurch sehr verunsichert. Eines Tages hört er, daß Gott alles tun kann, wenn wir ihn nur im Gebet darum bitten. Als er eines Abends ins Bett geht, schaut er sich seinen verwachsenen Fuß an und bittet Gott darum, ihn bis zum nächsten Morgen gerade zu richten. Dann schläft er ein in der festen Zuversicht, daß sein Fuß am nächsten Tag ganz normal ist. Aber wie er aufwacht und die Decke zurückschlägt, entdeckt Philipp, daß sein Fuß immer noch häßlich und verunstaltet ist. Seit diesem Erlebnis hat Philipp seinen Glauben verloren.

Ähnliches wiederholt sich unzählige Male im Leben von Erwachsenen. Ich habe manche Stunden im Gespräch mit Menschen zugebracht, deren Glaube in ähnlicher Weise angeschlagen war, weil Gott ihre Gebete in bestimmten Fällen nicht wie erwartet erhörte. Oft wird es für sie dadurch noch schlimmer, daß wohlmeinende, aber schlecht unterwiesene Christen sie zum Beten ermutigen. Sie haben dann Bibelverse angeführt, in denen etwas von Gottes Macht steht, und sie sind manchmal soweit gegangen, daß sie praktisch eine Garantie dafür abgegeben haben, daß Gott ihr Gebet wie gewünscht erhören würde.

So war es bei Connie, einer jungen Erwachsenen, die eine sehr schmerzhafte Scheidung hinter sich hatte. Unter bitteren Tränen erzählte sie mir, daß sie viele Jahre lang eine eifrige Christin gewesen sei. Sie erzählte mir, wie aktiv sie am Leben ihrer Gemeinde teilgenommen, wie treu sie jeden Tag ihre Stille Zeit eingehalten und wie großzügig sie ihre Gaben für das Reich Gottes gegeben hätte. An ihrem Arbeitsplatz kannten sie alle als eine ausgesprochene Zeugin für ihren Herrn, und sie hatte schon mehrere ihrer Mitarbeiterinnen für Christus gewonnen.

Sie konnte immer noch nicht glauben, was geschehen war. Ihr Mann hatte sie zuerst betrogen und war schließlich von zu Hause fortgezogen. Sie war gegen eine Scheidung und hatte alles getan, was in ihrer Macht stand, um ihre Ehe zu erhalten. Aber nun war sie geschieden, allein, vereinsamt. Und was das schlimmste war, sie war böse auf Gott und völlig durcheinander. Gott, so glaubte sie, hatte sie im Stich gelassen. Praktisch jeder in der Gemeinde hatte für ihre Ehe gebetet. Sehr viele, einschließlich ihres Predigers hatten wiederholt gesagt, daß sie sich gar keine Gedanken zu machen brauche, denn sie könne sich der Gebetshilfe vieler Gläubiger gewiß sein, die überzeugt waren, daß Gott ihr ihren Mann zurückbringen und ihre Ehe heilen würde. Und deshalb war sie nicht nur auf Gott böse, sondern auch auf ihre Gemeinde und ihre gläubigen Freunde. Connie war in einer überaus großen Not und fühlte sich sehr angeschlagen.

Ich könnte Ihnen hunderte solcher Vorfälle erzählen. Die Orte sind jeweils andere, die Namen und die Einzelheiten sind verschieden, aber im Grunde ist es doch immer genau dasselbe. Menschen in Not – verwirrt, enttäuscht, manchmal aufrührerisch und aufgebracht – immer war ihr Glaubensleben angeschlagen. Warum? Sie hatten in einer kompliziert gewordenen Welt versucht, einen Teil ihres Lebens als Erwachsene auf dem sandigen Fundament einer kindischen vereinfachenden Vorstellung vom Beten aufzubauen, und ihr Haus war eingestürzt. Sie waren wie der Baumeister im Gleichnis Jesu, der nicht tief genug gegraben hatte.

Es gibt ein Sprichwort, das lautet: »Lügen haben kurze Beine.« Mit Unwahrheiten und Halbwahrheiten kommt man nicht allzu weit. Sie können einem ein Stück weit helfen, aber nicht auf Dauer. Wir wollen dieser Frage auf den Grund gehen und unseren unzulänglichen und unangebrachten Vorstellungen vom Beten nachspüren. Und dann wollen wir diese schleunigst *katargein,* bevor sie uns nicht mehr gut zu machenden Schaden zufügen.

GOTTES UNMÖGLICHKEITEN

Eine meiner Lieblingsfragen, die ich meinen Konfirmanden im Unterricht stelle, ist die: »Kann Gott alles?«

Fast immer melden sich dabei alle, und alle antworten: »Natürlich! Er ist doch Gott!« Ich frage dann weiter: »Seid ihr euch da ganz sicher? Könnt ihr euch etwas denken, das Gott nicht kann?«

Nachdem das ein paar Minuten lang so gegangen ist, dämmert es zumindest bei einem der Kinder, was ich mit meiner Frage meine. Und mit großem Zaudern antwortet es: »Vielleicht kann er nichts Schlechtes und Sündiges tun.« Ich versuche dann den Kindern klarzumachen, wie wichtig es ist, einen Gott zu haben, der manches nicht kann.

Es ist wichtig, ein Verständnis dafür zu gewinnen, daß der so oft gehörte Vers »Bei Gott sind alle Dinge möglich« auch eine Gegenseite hat, nämlich die, daß bei Gott manche Dinge unmöglich sind. Das ist einer der grundlegendsten Unterschiede zwischen dem christlichen Glauben und dem Mohammedanismus. Der Islam sagt, daß Gott alles und jedes kann. Er nimmt keinerlei Einschränkungen seiner Macht hin; sie ist absolut und willkürlich. Dagegen sagen wir Christen, daß Gottes Macht unbegrenzt ist außer durch sein eigenes Wesen und bestimmte selbstauferlegte Einschränkungen, die er in sein Wort eingefügt hat. Es ist deshalb wichtig, wenn wir uns über diese Frage klar werden wollen, über das nachzudenken, was Gott nicht tun kann und will.

GOTT KANN SICH SELBST NICHT UNTREU WERDEN

Wir wollen mit dem anfangen, was das Einleuchtendste ist und einen Grundstein in der christlichen Lehre von Gott darstellt. Gott kann nicht sündigen. Er kann nichts Böses tun, denn das würde seiner eigenen sittlich vollkommenen Natur zuwiderlaufen.

Sowohl in Hebräer 6,18 als auch in Titus 1,2 steht, daß Gott nicht lügen kann. Wenn wir also im Glaubensbekenntnis immer wieder davon sprechen, daß wir an »Gott den allmächtigen Vater« glauben, dann meinen wir damit keineswegs, daß seine Macht und Kraft die Fähigkeit zum Tun dessen einschließt, was böse ist. Gottes Macht ist unbegrenzt, aber sie ist moralisch eingeschränkt – sie wird begrenzt von seinem vollkommenen Wesen der heiligen Liebe. Gott kann alles tun, was mit seinem eigenen heiligen Wesen in Einklang steht, aber er kann sich nicht selbst verleugnen. Gott kann alles tun, nur nicht nicht Gott sein!

Ein Missionar erzählte mir einmal ein Erlebnis mit einem bekehrten Kannibalen in Afrika. Eines Tages kam er zu ihm und fragte, ob es möglich wäre, daß er einen kurzen Urlaub vom Christsein nehmen könnte. Es sollten nur ein paar Stunden sein, denn er wollte einen mit ihm rivalisierenden Häuptling umbringen, der sein alter Feind war. Er versicherte dem Missionar, daß er dann gleich zurückkommen und sein Glaubensleben weiterführen wolle. Bevor wir darüber lachen, wollen wir uns daran erinnern lassen, wie oft wir uns alle gewünscht haben, wir könnten einen ähnlichen Urlaub nehmen, ohne daß uns das ganz zum Bewußtsein gekommen wäre. Der ehemalige Kannibale war enttäuscht, als mein Freund ihm erklärte, warum so etwas nie möglich sei. Weil Gott nämlich der ist, der er ist.

Gott kann nicht eine Zeitlang aufhören, Gott zu sein. Er kann nicht seiner Wesensart zuwiderhandeln. Deshalb kann Gott auch nicht lügen, nicht sündigen und etwas sittlich Böses begehen. Jakobus lehrt uns das in einem anderen Zusammenhang: »Niemand sage, wenn er versucht wird: Ich werde von Gott versucht; denn Gott kann nicht zum Bösen verführt werden und er selbst verführt niemand. Alle gute und alle vollkommene Gabe kommt von oben, von dem Vater des Lichts, bei dem keine Veränderung noch Wechsel des Lichtes ist« (Jak. 1,13 u. 17).

Bei Johannes finden wir denselben Grundsatz: »Gott ist Licht, und in ihm ist keinerlei Finsternis. Wenn wir sagen, daß wir Gemeinschaft mit ihm haben und wandeln in der Finsternis, dann lügen wir und tun nicht die Wahrheit« (1. Joh. 1,5-6). Das heißt: Gott ist reines Licht, und bei ihm gibt es keine dunklen Flecken. Es kann nichts Finsteres und Böses aus ihm hervorkommen. Es bedeutet ferner, daß Gott sich mit der Sünde auf keinen Handel einläßt; er kann sie nicht ertragen. Wenn er das täte, würde er seiner eigenen sittlichen Wesensart der heiligen Liebe zuwiderhandeln.

Natürlich heißt das zugleich, daß Gott sich, vom sittlichen Standpunkt aus gesehen, nicht ändern kann. Wenn sich etwas ändern muß, dann muß das bei uns geschehen. Daran sollten wir uns stets erinnern, denn das ist ein Kampf, der uns unser ganzes Leben lang begleitet, wir versuchen, Gott zu ändern und ihn in versteckter Form auf unsere Ebene herabzuziehen. Weil wir ihn lieben und Gemeinschaft mit ihm haben möchten, versuchen wir es oft auf eigene Faust. Aber Gott läßt sich nicht auf unsere Ebene herabziehen. Das widerspricht seiner Natur und ist für Gott ganz unmöglich, eben weil er Gott ist. Ja, ich möchte sagen, gerade weil er Gott ist. Gott kann nicht lügen, er kann nicht sündigen, er kann seine Wesensart nicht verleugnen, er kann nichts tun, was seiner eigenen reinen und vollkommenen Natur zuwiderläuft.

GOTT KANN SEINE EIGENEN GESETZE NICHT ÜBERTRETEN

Es gibt noch mehr, was Gott nicht tun kann. Das bezieht sich direkt darauf, welche Haltung wir im Gebet vor ihm annehmen sollen. Es handelt sich hierbei also nicht um Dinge, die Gottes eigene Wesensart betreffen, sondern die mit der Wesensart der Welt zu tun haben, die er erschaffen hat.

Gott kann nichts tun, das sich selbst widerspricht. Das klingt kompliziert, ist es aber in Wirklichkeit gar nicht.

Auf dieser Welt kann man nicht etwas haben, das viereckig und rund zugleich ist, oder etwas, das gleichzeitig rechteckig und dreieckig ist, oder etwas, das gleichzeitig weiß und schwarz ist. Gott hat diese Welt so geschaffen, daß sie bestimmten Gesetzen unterworfen ist. Wir kennen nicht alle diese Gesetze; viele haben wir entdeckt und wir werden noch weitere entdecken. Diese Gesetze entspringen dem innersten Wesen Gottes und drücken seine innere Beständigkeit und Zuverlässigkeit aus. Das ist auch der Grund, weshalb wir unsere Welt einen Kosmos und kein Chaos nennen.

Wenn wir uns dessen nicht bewußt sind und in unseren Gebeten nicht damit rechnen, dann sind wir auf Kollisionskurs und könnten eines Tages in so schlimme Nöte geraten, daß unser Glaubensleben eine schwere Schlagseite bekommt oder gänzlich Schiffbruch erleidet. Viele Enttäuschungen, die mit dem Beten zusammenhängen, kommen aus einem kindischen Mißverständnis dessen, wie Gott in Beziehung zu dieser Welt handelt.

Wir wollen einmal ein extremes Beispiel nehmen. Ein kinderloses Ehepaar wünscht sich ein Kind. Sie könnten nun beten, daß Gott ihren Wunsch erfüllt oder eine Adoption möglich macht. Gewiß aber wird das Ehepaar nicht beten und erwarten, daß Gott ihnen aus dem Himmel ein Baby unmittelbar in ihren Schoß fallen läßt. Warum eigentlich nicht? Kann Gott denn nicht alles? Es ist leicht einzusehen, wie dumm und falsch eine solche Überlegung ist.

Wir wollen noch einen Schritt weitergehen. Angenommen, Sie hätten einen tragischen Unfall erlitten und ihr Bein müßte über dem Knie amputiert werden. Würden Sie dann beten, daß Gott Ihnen ein neues Bein nachwachsen läßt? Warum denn nicht? Die Bibel sagt doch: »Bei Gott sind alle Dinge möglich?« Sie würden ganz richtig erwidern, daß Gott solche Dinge einfach nicht tut. Ganz sicher wird Ihr Bein in der Auferstehung am jüngsten Tag wieder völlig hergestellt sein, aber nicht in diesem Leben.

Vielleicht ist das der rechte Ort, um Gott für all die Entdekkungen und Erfindungen der modernen Wissenschaft zu danken. Sie haben Zentnerlasten von falschen Informationen und törichten Vorstellungen beiseitegeräumt und uns echte Einblicke in die Geheimnisse unseres Weltalls gegeben. Deshalb brauchen wir uns auch vor keiner neuen wissenschaftlichen Entdeckung zu fürchten. Alle diese Tatsachen sind Gottes Tatsachen. Wir können heute viel kundigere Christen sein als je zuvor, weil viele früheren, falschen Vorstellungen aus dem Weg geräumt sind und wir die Wahrheit genauer wissen. Die Wahrheit macht uns frei, und das gilt für das Gebet ebenso wie für alles andere.

All das bedeutet keineswegs, daß Gott ein Gefangener des von ihm selbst erschaffenen Weltalls ist. Gott kann mit höheren Gesetzen eingreifen als wir sie uns vorstellen können. Wenn ein Flugzeug fliegt, hebt es nicht das Gesetz der Schwerkraft auf, es setzt ein höheres Gesetz an seine Stelle, nämlich das der Aerodynamik. Gott wirkt oft mit Hilfe von Gesetzen, die unser Vorstellungsvermögen übersteigen. Die Wunder in der Bibel zeigen Gottes Freiheit zu einer solchen Handlungsweise an.

In seinem Buch »Gott auf der Anklagebank« widmet C.S. Lewis ein sehr einleuchtendes Kapitel eben dieser Frage. Er weist darauf hin, als der Teufel den Herrn Jesus aufforderte, Steine in Brot zu verwandeln, mehr geschah als nur eine Versuchung, sich Beliebtheit um jeden Preis zu verschaffen. Es war ein typisch teuflischer Vorschlag, denn der Teufel ist seinem Wesen nach ein Zauberer.

Gott tut Wunder, aber er zaubert nicht. Niemand macht Brot aus Steinen – nicht einmal Gott. Er läßt aus Samenkörnern Weizen, Mais und Roggen wachsen, und daraus machen wir Brot. Als Jesus die Fünftausend speiste, nahm er keine Steine aus dem Bach und machte daraus Brote und Fische. Er nahm Brote und machte daraus mehr Brot, er nahm Fische und machte daraus mehr Fische. Das machen Bauern auch. Sie steigern die Erzeugnisse. Aufgrund der Naturgesetze brauchen sie dazu aber längere Zeit. Weil Jesus Christus sowohl ein Herr über die Zeit als auch über die Natur ist, kann er den Vorgang in ein paar Augenblicken ablaufen lassen. Lewis weist darauf hin, daß eine solche Fügsamkeit und Gesetzmäßigkeit bei allen Wundern besteht. Gott widerspricht sich nicht, und er übertritt auch nicht die heiligen Ordnungen, die er in die Welt eingebracht hat.

GOTT KANN DER MENSCHLICHEN FREIHEIT KEINE GEWALT ANTUN

Das alles führt uns zu einer dritten Einschränkung der Macht Gottes. Gott hat sie sich durch die Art, wie er diese Welt der Dinge und der Menschen geschaffen hat, selbst auferlegt. Er kann der menschlichen Freiheit keine Gewalt antun. Er hat die Menschen dazu erschaffen, sich ihren Weg selbst zu wählen. Wir sind keine Roboter, keine mechanischen Wesen, die Gott völlig ausgeliefert sind. Er hat menschliche Persönlichkeiten erschaffen, die in vielerlei Weise ihm ähnlich sind – nach seinem Bilde –, mit einem Geist, der seinem Geist verwandt ist; er hat sie als Wesen mit sittlicher Handlungsfähigkeit und -freiheit erschaffen. Sie ist zwar durch Gestaltung der Welt, in der wir leben, eingeschränkt, aber sie enthält genügend Freiraum für uns, um eigene Entscheidungen zu treffen.

Bedenken wir, wie Gott zu unserem Heil tätig wird. Gott möchte uns von unseren Sünden retten, er möchte uns als seine erlösten Kinder so umgestalten, daß wir ihn lieben und ihm dienen. Das alles will er, ohne irgendwann unsere Freiheit einzuschränken oder zu unterdrücken. Deshalb kann Gott uns nicht erlösen, wenn er nur seine Allmacht wirken läßt, wenn er also nur seine Macht ausübt. Das würde unserer Persönlichkeit schaden und das zerstören, was er sich am meisten wünscht – unsere Liebe, die wir ihm aus freier Wahl entgegenbringen.

Oft haben mich Kinder und Jugendliche in der Seelsorge gefragt: »Warum läßt mich Gott nicht einfach gut sein?« Das wäre keine Güte, das wäre Sklaverei. Gott aber hat kein Interesse an Sklaven, sondern an Söhnen und Töchtern. Gott zwingt uns nicht zum Gutsein, er kann auf vielerlei Weise wirken, um unsere Aufmerksamkeit zu erlangen, um uns zu rufen, zu umwerben und zu gewinnen – und er tut das auch. Aber er wird nie unsere Persönlichkeit vergewaltigen oder verletzen.

Gott kann uns nicht gegen die Zustimmung unseres Willens retten. Manchmal weisen wir auf Begebenheiten hin wie die Bekehrung des Saulus auf dem Weg nach Damaskus, als hätte ihn Gott zur Unterwerfung gezwungen. Gewiß war es eine mächtige Offenbarung des lebendigen Christus. Aber ich erinnere mich daran, daß Paulus später darüber schrieb: »Ich war nicht ungehorsam der himmlischen Offenbarung« (Apg. 26,19), wobei er ganz offensichtlich in Betracht zieht, daß er trotz aller Entfaltung einer übernatürlichen Kraft Gottes dennoch die Zustimmung seines Willens geben mußte. Wenn er es gewollt hätte, hätte er auch in dieser Situation ungehorsam sein können.

Das führt uns direkt zum Kreuz. Gott kann uns nur auf eine einzige Weise retten und unsere Freiheit bewahren – und das ist die Weise der leidenden Liebe. Sie war die Voraussetzung, daß der Herr Jesus den mörderischen und aufrührerischen Saulus anrufen konnte: »Saul, Saul, was verfolgst du mich?... Ich bin Jesus, den du verfolgst« (Apg. 9,4-5). Sie war es, die Saulus überwand, und ihn aus Liebe sein ganzes Leben lang zu einem Sklaven Jesu werden ließ. Ja, Gott kann für uns leiden, er kann uns anrufen, er kann uns rückhaltlos lieben, doch er kann uns nicht gegen unseren Willen zwingen. Er kann unsere sittliche Freiheit nicht verletzen.

EIN GEREIFTES GEBETSLEBEN

Wir sind diesem Trägerkreis so gründlich nachgegangen, weil das die Grundvoraussetzung für ein gereiftes biblisches Verständnis von einem Gebetsleben bildet. Ohne ein solches Verständnis kann unser Beten zu einer recht kindischen Angelegenheit werden, die sich auf eine Mischung von Fantasie und Zauberei stützt. Und eines Tages kann sie sogar zu einem gefährlichen Bumerang werden, der zu uns zurückkehrt und in unserem Glaubensleben schlimmen Schaden anrichtet.

Von dem Gottesmann Georg Müller, durch dessen Gebete buchstäblich Tausende von englischen Waisenkindern ernährt und gekleidet wurden, soll der Ausdruck stammen: »Gebet ohne die Schrift ist zu neunzig Prozent Einbildung.« Es mag gut und schön sein, wenn Kinder Wunschträume haben und sich wirklichkeitsfremden Einbildungen hingeben, solange sie noch klein sind. Wenn sie aber heranwachsen, müssen sie dies ablegen. Tun sie das nicht, können sie in große Gefahren geraten. Ein kleines Mädchen sah den Film »Mary Poppins« und sprang dann vom Dach ihres Hauses mit einem geöffneten Regenschirm herab.

Wir wollen noch einmal auf Connie zu sprechen kommen, von der wir schon am Anfang des Kapitels hörten. Was war das eigentliche Problem, das ihrem gestrandeten Glaubensleben zugrunde lag? Es war die Tatsache, daß der Wille eines anderen Menschen beteiligt war – nämlich der ihres Mannes. Gott erhörte tatsächlich die Gebete, die Connie und die Freunde von ihrer Gemeinde ihm darbrachten. Gott überführte ihren Mann bis in die Tiefe von seiner Schuld; er war ganz unglücklich in seinem Sündenleben. Aber er wollte es nicht aufgeben. Er benutzte seine ihm von Gott gegebene Wahlmöglichkeit dazu, zu Gott nein zu sagen. Das Ergebnis war eine tragische Scheidung. Dieser Vorfall gleicht so vielen, bei denen das Gebet eine Rolle spielt – es handelt sich um eine Vermischung von Wahrheit und Irrtum, die wir im allgemeinen als Halbwahrheit bezeichnen. Die Not bei einer Halbwahrheit ist die, daß man die falsche Hälfte zu fassen bekommen kann. So war es bei Connie und ihren Freunden. Sie beteten in großem Glauben, weil sie einige wunderbare Wahrheiten kannten:

a) Gott wollte ganz bestimmt, daß der Mann Buße tat und sein Verhalten änderte;

b) Gott wollte ganz bestimmt, daß die Ehe erhalten blieb;

c) Gott wollte alles in seiner Macht Stehende tun, um das zustandezubringen.

Aber sie gingen einen Schritt zu weit, als sie Connie und sich selbst versicherten, daß es unbedingt soweit kommen würde. Das war falsch, weil sie vergaßen, den oben genannten drei Wahrheiten eine weitere hinzuzufügen:

d) Gott kann niemand gegen seinen Willen zwingen.

Der Mann konnte sich weigern, das Richtige zu tun, und er konnte auf einer Scheidung bestehen. Weil sie diese wichtige Grundtatsache außer acht ließen, landeten sie schließlich bei einer Halbwahrheit, die sich als äußerst verderblich erwies.

In seinem Buch über die Zweifel: »Zwei Seelen in meiner Brust« beschäftigt sich der Verfasser Os Guiness ausführlich mit den zerstörerischen Auswirkungen von Zweifeln, die aus fehlerhaften Vorstellungen über Gott entstehen. Er sagt: »Des Teufels Warenlager ist die Welt der Halbwahrheiten und der Halblügen, wobei die Halblüge die ganze Wahrheit verdeckt.« Er weist darauf hin, daß »eine mangelhafte Unterweisung die wichtigste Ursache für jene Zweifel ist, für die der Zweifler eigentlich gar nicht verantwortlich ist. Wenn das, was gelehrt wird, eine Verdrehung des Wortes Gottes ist, daß der Zweifel unvermeidlich wird, dann liegt die eigentliche Verantwortung nicht bei dem Zweifler, sondern bei dem Unterweisenden.«

HALBWAHRHEITEN KÖNNEN TÖTEN

Noch gut erinnere ich mich an einen traurigen Vorfall unseres Aufenthalts in Indien. Ein vielversprechender junger Missionar, der fruchtbar in seinem Dienst war, lag an Blinddarmentzündung darnieder. Er wollte gerade ins Krankenhaus gehen und sich operieren lassen, als einige übergeistliche Freunde ihm einredeten, daß es eine große Glaubenstat und ein mächtiges Zeugnis für die Nichtchristen sei, wenn er sich der Operation nicht unterzöge, sondern stattdessen einen Heilungsgottesdienst abhalten ließe und dem Herrn vertraute, ihn zu heilen. Leider gab er ihrem irregeleiteten Vorschlag nach. Nach wenigen Stunden platzte sein Blinddarm und ein paar Tage später war er tot. Ganz Indien betrauerte den Verlust dieses prächtigen jungen Missionars, der eine vielversprechende Zukunft vor sich hatte. Hier sehen wir wieder, welche Not solche unreifen Halbwahrheiten über das Gebet bringen können. So ereignen sich viele schlimme Tragödien in dem Bereich der Halbwahrheiten über Heilung. Ich habe Leute kennengelernt, die dem Herrn vertrauten, daß er ihre schlechte Sehfähigkeit heilen würde. Sie warfen ihre Brille fort. Nach wochenlangem Leiden mußten sie dann ihre Augen wieder überprüfen lassen und eine Brille aufsetzen. Es geht im Grunde nicht darum, ob Gott als Gebetserhörung Heilung schenkt, sondern darum, wie Gott diese Heilung bewirkt.

Es liegt ganz klar auf der Hand, daß Gottes übliche Weise der Heilung die ist, daß er sich der menschlichen Erkenntnis und der medizinischen Kunst bedient. Das heißt nicht, daß Gott nicht gelegentlich die natürlichen Mittel beiseite schieben und auf übernatürliche Weise heilen kann und will. Das aber ist ganz gewiß die Ausnahme, nicht die Regel. Wir kommen in Nöte, wenn wir versuchen, aus der Ausnahme die Regel zu machen. Obwohl Menschen Jahrhunderte lang darum gebetet haben, von den großen Plagen und Geißeln der Menschheit befreit zu werden, wartete Gott, bis die Menschen die passenden Heilmittel entdeckten: die Impfstoffe, die die Pocken ausrotteten, das Insulin für die Zuckerkrankheit, die Schluckimpfung gegen die Kinderlähmung und Antibiotika, die Millionen von Menschen das Leben retteten. Warum hat Gott nicht früher eingegriffen? Weil das nicht die normale Art ist, wie er in dieser Welt wirkt, in der die Naturgesetze gelten.

GLAUBE, GEBET UND ANMASSUNG

Wenn wir in unseren Vorstellungen vom Beten nicht erwachsen werden, verfallen wir allzu leicht in das, was die Bibel als Anmaßung bezeichnet. Das Wort »Verwegenheit« ist gleichbedeutend mit »Anmaßung«. In der Bibel stehen mindestens elf Hinweise auf eine solche »Anmaßung«. Mit Ausnahme von 2. Petrus 2,10 stehen sie alle im Alten Testament. In jedem Fall hat Anmaßung als Sünde zu gelten, als ein Vergehen gegen Gott, als ein Übertreten der uns von ihm gesetzten Grenzen. In mehreren Fällen wurde sie im Alten Testament mit dem Tod bestraft.

Der Psalmist betet weise (wörtl. nach der engl. Übers.):
»Halte deinen Knecht von den Sünden der Anmaßung zurück, laß sie nicht über mich herrschen, dann werde ich ohne Tadel sein, und ich werde von großen Übertretungen freigesprochen werden« (Psalm 19,13)

Als Jesus der satanischen Versuchung widerstand, von der Zinne des Tempels herabzuspringen, lehnte er es ab, den Vater durch eine anmaßende Handlung zu versuchen und ihn auf die Probe zu stellen. Viele unserer kindischen und ungereiften Gebete gründen sich auf Halbwahrheiten und falschverstandenen Zitaten aus der Bibel und kommen gefährlich nahe daran, anmaßendes Wesen statt wahren Glauben zu zeigen. Wir müssen in unseren Vorstellungen vom Beten in Christus hineinwachsen, um nicht in Irrtümer zu verfallen, die dem Namen Gottes Unehre bringen.

Catherine Marshall erzählt in ihrem Buch »Gott begegnet mir immer wieder« von ihrem zweijährigen Kampf gegen die Tuberkulose. Sie beschreibt ihren Leidensweg und wie Gott sie Schritt für Schritt von der »übereinfachen Anmaßung des Neulings« dahin bringen mußte, wo sie den Unterschied zwischen »der Anmaßung, die sich als Glauben ausgibt, und dem wahren Glauben« erkennen konnte. Eine langsame, aber stetige Heilung trat erst ein, als sie schließlich folgendes Gebet sprechen konnte: »Herr, ich verstehe nichts davon, aber wenn du möchtest, daß ich für den Rest meines Lebens ein Krüppel bin – das liegt ganz in deiner Hand. Ich lege mich in deine Hände, ob es mir nun besser oder schlechter geht. Ich bitte dich nur: Laß mich dir dienen!«

DAS PROBLEM DER NICHT ERHÖRTEN GEBETE

Es wäre ungerecht, wenn wir uns nicht der Frage nach den nicht erhörten Gebeten kurz zuwenden würden. Die biblischen Grundsätze, die wir beschrieben haben, können uns zwar dazu verhelfen, die meisten Lagen, in die wir geraten können, von Gott her zu verstehen, doch oft meinen wir, nach bestem Wissen und Gewissen gebetet zu haben und das Ergebnis brachte uns dann gänzlich durcheinander. Wir müssen der Tatsache ins Auge sehen, daß uns in solchen Umständen manchmal sogar die Bibel nicht hilft, denn es stehen zu viele nicht erhörte Gebete darin, zum Beispiel:

Mose bat den Herrn, ins gelobte Land ziehen zu dürfen, aber seine Bitte wurde abgelehnt;

Habakuk rief von seinem Turm. »O Herr, wie lange soll ich rufen, und du willst nicht hören?«

Der Psalmist fragte in seiner Niedergeschlagenheit:
»Warum bist du so fern, mir zu helfen und von den Worten meiner Klage?«

Paulus betete dreimal darum, daß der Herr ihm seine körperliche Behinderung, seinen »Pfahl im Fleisch«, der seinen Dienst für den Herrn störte, nehmen möchte. Aber stattdessen wurde ihm »genügend Gnade« verheißen, damit er daraus das Beste und die Gnade aus ihm das Beste machte.

Leonard Griffith meint, wenn ein moderner Mensch des Zwanzigsten Jahrhunderts den Lebensbericht des Paulus zu Ende hätte schreiben sollen, er das folgendermaßen getan hätte: Nach diesen Dingen ließ das Interesse des Paulus nach, und er wandte sich von der Gemeinde Jesu ab. Sein Pfahl blieb ihm. Offensichtlich konnte sein Gebet nichts daran ändern. Er las ein paar Bücher über das Beten; dennoch half auch das ihm nicht weiter. Vielleicht, so meinte er, könnte er ebensogut ohne Beten auskommen. Warum nicht? Er ging in seinen Beruf zurück, fertigte Zelte, und häufte Vermögen an. Die Jahre verliefen ungestört. Es war für ihn eine große Erleichterung, die ermüdenden Pflichten los zu sein, die ihm Christus auferlegte, mit Ausnahme der Tatsache, daß er nie wahrhaft froh war.

Nein, das Problem ist gewiß nicht neu. Aber wenn es unser eigenes schmerzliches Problem ist, dann müssen wir unsere ganz persönlichen Antworten darauf finden. Darf ich einmal auf die altbewährten Schriften über das Gebet zurückgreifen und auf einige Gründe für die Nichterhörung von Gebeten verweisen:

a) Wir bitten nicht um die richtigen Dinge. Wie oft machen wir uns nicht klar, um was wir eigentlich bitten. Hier treffen die Worte des Paulus aus Römer 8,26 zu: »Denn wir wissen nicht, wie wir beten sollen, wie es sich gebührt.« Und Jakobus sagt: »Ihr bittet und nehmet nicht, weil ihr aus falschen Beweggründen bittet« (4,3).

Nur allzu oft bitten wir um Dinge, die uns, wenn Gott sie uns gewähren würde, zum Schlechten und nicht zum Besten dienen würden. Gott weiß, was wir eigentlich brauchen. Wir aber bitten oft um die Erfüllung unserer Wünsche statt um die unserer wahren Bedürfnisse. Manchmal erhört Gott nicht den Wunsch, den wir im Gebet äußern, damit er das eigentliche Bedürfnis erhört, das hinter dem Wunsch steckt. Das eindrücklichste Beispiel davon, das die Kirchengeschichte kennt, ist die Geschichte von Monika, der Mutter Augustins. In seinen »Confessiones (Bekenntnisse)« beschreibt er, wie seine Mutter die ganze Nacht darum betete, daß Gott ihren Sohn davon abhalten möchte, nach Italien zu segeln. Sie sah, wir ihr Sohn immer tiefer sank und konnte sich nicht vorstellen, was ihm widerfahren würde, wenn er aus ihrem Einflußbereich fortzog, besonders nach Italien mit all seinen Ausschweifungen und seiner faszinierenden Pracht. Während sie noch betete, segelte ihr Sohn nach Italien. Dort begegnete er dem berühmten Prediger Ambrosius und geriet so unter den rechten Einfluß. Er wurde Christ – an eben der Stelle, von der ihn die Mutter mit ihren ernsten Gebeten abhalten wollte. Augustin, der diese Schau des Geheimnisses um ein nicht erhörtes Gebet verstand, schrieb später in einem Dankgebet: »Du, in der Tiefe deiner Pläne, hörtest ihren Hauptwunsch und achtetest damals nicht auf ihr Bitten, damit du mich zu dem machtest, was du stets gewollt hast.«

b) Wir bitten um Dinge, um die wir uns selbst kümmern sollten. Ich sah einmal im Fernsehen, wie ein Evangelist einen Automaten zur Veranschaulichung des Betens verwandte. Wenn wir unsere Glaubensgebete in den Schlitz einwerfen, dann erscheinen die Erhörungen in der Ausgabe. Hier wird das Gebet zum Zimmerdienst und Gott zum ewigen Klingelburschen, zu einem himmlischen Botenjungen. Wir dürfen nie unsere Gebete zu einem Ersatz für das machen, was wir nach Gottes Plan selbst tun sollten. Es gab Fälle, in denen Gott die Gebete von Moses und Gideon unterbrach und zu ihnen sagte: »Sprich nicht mit mir über diese Dinge; geh und sprich zu den Kindern Israel.«) Es war nicht die Zeit zum Beten, sondern zum Handeln.

Gott muß uns manchmal daran erinnern, daß wir die rechte Arbeitseinteilung durchführen – wir sollen uns erinnern lassen, was seine Arbeit ist und was unsere. Der Schreiber des Hebräerbriefes erwähnt oft Dinge, die Jesus durch Leiden, durch Gehorsam und durch Zucht »lernte«. Was wären wir denn für Christen, wenn sich alles einfach dadurch erledigen ließe, daß man dafür betet? Wir würden geistliche Kinder bleiben, die in einem Fantasieland leben, in dem der Zauberstab regiert.

Griffith gibt hierzu eine anschauliche Darstellung: »Wenn ein Junge seinen Vater bittet, ihm die Hausaufgaben zu machen, weil er spielen will, wird dann sein Vater – vorausgesetzt, daß er mit den Hausaufgaben seinen Sohnes fertig wird, – so etwas machen? Wenn er seinen Sohn liebt und wenn er möchte, daß sein Sohn Charakterfestigkeit bekommt, wird er es nicht tun. Der Vater wird ihm gut zureden, ihm helfen, ihm beistehen und ihm hindurchhelfen, aber er darf nichts für den Jungen tun, was der Sohn selbst tun könnte.«

Wir sagen oft: »Es geht nicht um unser Können, sondern um unsere Bereitschaft«, und die Absicht dabei ist die, daß unsere Aufmerksamkeit auf die Tatsache gelenkt wird, daß alles durch Gottes Kraft geschieht, nicht durch unsere. Aber wir wollen uns daran erinnern lassen, daß unsere Bereitschaft voraussetzt, Gott das Beste zur Verfügung zu stellen, das wir haben, und es ihm gestatten, dies als einen Kanal zur Erweisung seiner Macht zu gebrauchen. Und unser Bestes gewinnen wir oft schwer und erlangen es langsam.

c) Wir sind oft noch nicht soweit, daß Gott uns erhören kann. Je länger ich Seelsorge betreibe, desto wichtiger wird mir dabei die Frage nach der rechten Zeit. Das normale Wort für »Zeit« lautet im Neuen Testament »Chronos«. Damit ist unsere Zeit gemeint. Wir verwenden das Wort in Begriffen wie »Chronologie« und »Chronometer«.

Das Wort für Gottes Zeit ist »Kairos«. Es bedeutet die rechte Zeit und die zeitliche Erfüllung, so wie es vom Kommen Jesu heißt: »Als die Zeit erfüllet war« (Gal. 4,4).

Es kann sein, daß Menschen stundenlang bei mir in der Seelsorge sitzen, bis ich spüre, daß jetzt für sie noch nicht der »Kairos« gekommen ist. Alles, was ich rate und tue, scheint ihnen nicht weiterzuhelfen. Wir besprechen das dann miteinander und unterbrechen unsere seelsorgerlichen Gespräche eine Zeitlang. Manchmal kommen sie dann nach Jahren wieder und sagen: »Jetzt verstehe ich, was Sie mir gesagt haben; jetzt sehe ich einen Sinn darin. Ich lese die von ihnen empfohlenen Bücher immer wieder, und sie sind mir jetzt besonders wichtig. Könnten wir noch einmal miteinander reden?« Dieses Mal ist es ganz anders; der Fortschritt kommt erstaunlich schnell und das Wachstum schreitet rasch voran. Unsere Gebete waren nicht erhört worden, weil der betreffende Mensch noch nicht so weit war.

In Johannes 5 Vers 6 steht eine erstaunliche Aussage: »Als Jesus ihn dort liegen sah und wußte, daß er schon lange in dieser Lage gewesen war, sagte er zu ihm: Möchtest du gesund werden? Waren 38 Krankheitsjahre dazu nötig, den Mann in solche Verzweiflung zu bringen, daß er schließlich seine Ausflüchte fahren ließ, nicht mehr andere anschuldigte und bereit war, an Jesus zu glauben und ihm zu gehorchen?

Als junger Mensch hatte ich Asthma. Es wurde dann immer schlimmer, bis ich im ersten Semester so schlecht dran war, daß ich die Abschlußprüfungen nicht mitschreiben konnte. Ich betete anhaltend um Heilung, andere beteten für mich, und einmal ließ ich mich mit Öl salben und mir die Hände auflegen. Aber diese Gebete wurden nie erhört.

Jahre später zeigte mir Gott in meiner stillen Zeit am Morgen durch einen Satz in einem Andachtsbuch, daß ich meine Erinnerungen heilen lassen sollte. In Verbindung damit mußte ich jemand in tieferer Form vergeben, als ich das je zuvor getan hatte. Mehrere Tage lang erforschte ich mein Herz und betete über der Sache. Über meine Asthmanot betete ich damals nicht mehr. Ich überließ es dem Geist Gottes, mich von diesem festgefahrenen Groll und all den notvollen Erinnerungen zu befreien. Es ist kaum zu glauben, aber von dem Tag an habe ich bis heute kein Asthma mehr gehabt! Es war wohl viel für mein Asthma gebetet worden, aber ich war nicht bereit, bis meine tiefsitzende Not gelöst wurde. Das gilt für viele Gebiete unseres Lebens, auf denen wir noch keine Gebetserhörung erlebt haben. Viele Dinge kann Gott uns erst dann geben, wenn wir für sie bereit sind. Das Zeugnis der Gottesmenschen zu allen Zeiten erinnert uns daran, daß Ja und Nein nicht die einzigen Gebetserhörungen sind. Oft gibt uns Gott die andere, und die heißt: Warten!

Ein Wesensmerkmal eines Kindes ist die Unfähigkeit, warten zu können. Menschen, die noch kindliche Vorstellungen vom Beten haben, finden es oft schwer, auf den Herrn zu warten. Wir aber sollen »Nachfolger derer werden, die durch Glauben und Geduld die Verheißungen ererben« (Hebr. 6,12).

Guiness beschreibt diese Art des Wartens auf Gott als eine Art von aufgeschobenem Urteil. Er erinnert uns daran, daß wir manchmal vielleicht nicht wissen, warum etwas geschieht, aber wir wissen, warum wir auf Gott vertrauen müssen, und Gott weiß, warum es geschieht. So sind Geduld und Wartenkönnen Zeichen einer gereiften Gemeinschaft mit Gott; sie bezeugen unseren Glauben, daß er wahrhaft vertrauenswürdig ist.

Gemeinschaft, damit wollen wir dann dieses Kapitel abschließen. Die großen Erbauungsschriftsteller aus früheren Zeiten glaubten daran, daß es keine nicht erhörten Gebete gibt, wenn unser Leben mit Gott in Einklang steht. Sie glaubten, daß Gott ein Gebet immer auf eine von zwei Arten erhört: entweder er verändert die Verhältnisse oder er schenkt genügend Kraft, mit ihnen fertig zu werden. Er erhört entweder die Bitte oder den Menschen. Wenn wir das verstanden haben, haben wir eine unreife Vorstellung vom Beten abgelegt. Dann gilt unser Hauptinteresse nicht mehr der Gabe, sondern dem Geber.

»Wer unter euch ohne Sünde ist, der werfe den ersten Stein auf sie«… Jesus sagte zu ihr: »Frau, wo sind sie, deine Verkläger? Hat dich keiner verdammt?« Und sie sagte: »Nein, Herr, niemand.« Und Jesus antwortete: »So verdamme ich dich auch nicht, gehe hin und sündige hinfort nicht mehr!« *(Johannes 8,7,10-11)*

»Er mußte in allen Dingen seinen Brüdern gleich werden… Denn worin er gelitten hat und versucht ist, kann er denen helfen, die versucht werden… Denn wir haben nicht einen Hohepriester, der nicht könnte Mitleid haben mit unseren Schwachheiten, sondern der versucht ist allenthalben gleich wie wir, doch ohne Sünde.«

(Hebräer 2,17-18; 4,15)

»Ihr habt die Ermahnung vergessen, die zu euch als Kindern redet: Mein Sohn, achte nicht gering die Züchtigung des Herrn und verzage nicht, wenn du von ihm gestraft wirst; denn wen der Herr liebhat, den züchtigt er; und er stäupt einen jeden Sohn, den er aufnimmt… Alle Züchtigung aber, wenn sie da ist, scheint uns nicht Freude zu sein, sondern Traurigkeit; aber danach wird sie denjenigen eine friedsame Frucht der Gerechtigkeit geben, die dadurch geübt sind.«

(Hebräer 12,5-6.11)

Kapitel 8

Verworrenheit im Kindesalter im Gegensatz zum Unterscheidungsvermögen bei Erwachsenen

Wir haben uns bisher mit verschiedenen Gebieten beschäftigt, in denen falsche Vorstellungen als Überreste aus unserer Kindheit die Ursache falscher Gefühle und Handlungsweisen sind. In einigen Fällen entstanden diese aus notvollen Erfahrungen und Erlebnissen, die in unserem Gedächtnis Narben hinterlassen haben. Es war notwendig, daß wir in diesen Fällen eine besondere Heilung erfuhren, bis die gefühlsmäßige Bindung an diese Dinge zerbrach. Es gab andere, die aus ungereiften Vorstellungen hinsichtlich einiger grundlegender Wahrheiten des christlichen Glaubens kamen. Hier bedurfte es der Zurechthilfe durch gereifte, biblisch begründete Grundsätze.

Wir wollen uns nun einigen kindhaften Verworrenheiten und den für sie notwendigen Unterscheidungsmerkmalen zuwenden, die wir brauchen, um uns wie erwachsene Christen zu verhalten.

Von Kindern heißt es, sie seien »die besten Aufnahmegeräte der Welt«, aber sie seien auch »die schlechtesten Dolmetscher der Welt«. Es fällt uns schwer, festzustellen, woher diese kindhaften Verworrenheiten kommen, und vielleicht brauchen wir das auch gar nicht zu wissen. Aber uns bleibt die Aufgabe, sie herauszustellen, so daß wir ihre kindischen Auswirkungen ablegen können.

DIE UNTERSCHEIDUNG ZWISCHEN ZUNEIGUNG UND ZUSTIMMUNG

Unter gläubigen Christen gibt es viel Verwirrung zwischen Zuneigung und Zustimmung. Die Wurzeln hierfür können in Familien liegen, in denen es die Eltern versäumt haben, ihren Kindern klarzumachen, daß eine Ablehnung dessen, was sie tun, nicht gleichbedeutend mit einer Verwerfung ist. Wenn ein Kind für etwas bestraft wird, das seine Eltern ablehnen, dann kommt ihm leicht der Gedanke, daß sie es nicht mögen, nicht lieben und verwerflich finden. So wächst in ihm eine Art mathematischer Formel heran: Zustimmung bedeutet Zuneigung – Ablehnung bedeutet Verwerfung.

Dementsprechend bedeuten Strafe und Züchtigung Nichtzuneigung, Verwerfung. Zustimmung aber bedeutet: »Man liebt mich und ist mir zugeneigt«, Ablehnung bedeutet: »Man liebt mich nicht, sondern verwirft mich.«

Das mag nun die Schuld der Eltern sein oder nicht. Als Eltern sollten wir uns aber genau überlegen, wie wir unsere Kinder strafen. Wir müssen sie genau davon in Kenntnis setzen, daß wir zwar nicht einverstanden sind mit dem, was sie tun, daß wir sie aber als unsere Kinder annehmen und lieben. Mit besonders empfindsamen Kindern müssen wir besonders vorsichtig verfahren und alle Anstrengungen unternehmen, daß sie diesen Unterschied auch verstehen. Wir müssen ihnen klarmachen, daß unsere Zuneigung nicht davon abhängt, daß wir allem zustimmen, was sie tun.

Manchmal übernehmen Kinder ein solch unklares Verhalten auch von anderen Menschen, die sie sich als Vorbild genommen haben, sogar auch von ihren Freunden. Wie dem auch sein mag, es kann bei nicht gereiften Erwachsenen zu seelischen und ehelichen Katastrophen führen. Solche Menschen neigen dann dazu, über jede Mißfallenskundgebung »genau Buch zu führen«, ja schon über Andeutungen, ganz zu schweigen von einer Kritik. Dabei wenden sie dann die alte Formel der Nichtzuneigung und der persönlichen Ablehnung an. Das ist eine eingebaute Falle für persönliche Verklemmungen, zwischenmenschliche Gefühlsausbrüche und geistliche Zerbrüche. Es ist auch die sicherste Garantie, ein pharisäischer Christ zu werden. Wenn wir ein solches Zerrbild in uns tragen, heißt das, daß wir keine Liebe und keine Zuneigung zu uns selbst haben, wenn wir nicht zu alledem ja sagen, was wir tun. Daraus ergibt sich dann zwangsläufig, unseren Nächsten so zu behandeln wie uns selbst. Wenn dazu noch der Geist der Gesetzlichkeit und ein Glaube kommt, der hauptsächlich aus Verboten und Vorschriften besteht, kann das Ergebnis besonders verderblich sein.

Hans suchte mich in einer Angelegenheit auf, die er als »persönliche Familienangelegenheit« bezeichnete. Es stellte sich heraus, daß er in großer Not war, weil sein Bruder Fritz nach fast zwanzigjähriger Ehe Frau und Kinder im Stich gelassen hatte. Die Brüder hatten ein sehr gutes Verhältnis zueinander gehabt. Deshalb geriet Hans wegen des Verhaltens seines Bruders in große Bedrängnis. Das, was ihm die größten Schwierigkeiten machte, war die Frage, wie er sich nun seinem Bruder gegenüber verhalten sollte. Er hatte über ein Jahr nicht mit ihm gesprochen, geschweige denn ihn zu sich eingeladen. Nun hatte Fritz ihm vor kurzem einen Brief geschrieben und angefragt, ob er ihn besuchen dürfe. Hans befürchtete, wenn er Fritz gegenüber freundlich sei, er den Anschein erwecken würde, mit der Handlungsweise seines Bruders einverstanden zu sein und die Mitglieder seiner Gemeinde annehmen könnten, er bejahe die Ehescheidung seines Bruders. Deshalb hatte er den Brief von Fritz unbeantwortet gelassen. Er beteuerte mir immer wieder, er wüßte, daß seine Gefühle falsch seien, aber er könne nichts dafür. »So bin ich nun mal erzogen worden. Ich kann meine sittlichen Forderungen bei keinem herabschrauben – nicht einmal bei meinem eigenen Bruder.«

Die gleiche Notlage kommt auf vielen verschiedenen Gebieten immer wieder vor. Manche Christen haben Angst davor, einem Sünder freundlich zu begegnen, weil sie sich davor fürchten, daß der Betreffende den Eindruck bekommt, man sei mit seiner Sünde einverstanden. Ganze Gemeinden leiden an solch einer verworrenen Anschauung. Ihre Einstellung lautet: »Wir müssen es den Leuten klar machen, wie wir zu dieser Angelegenheit stehen!« Das gleiche Problem, das Hans persönlich beschäftigte, wird hier auf Gruppenebene ausgeweitet. In beiden Fällen enthüllt sich eine tiefe kindhafte Unsicherheit. Es ist durchaus möglich, sittlich auf hoher Ebene zu stehen und gleichzeitig denen, die von dieser Ebene gefallen sind, Zuwendung und Liebe entgegenzubringen. Wer sich über diejenigen, deren Verhalten er mißbilligt, entsetzt und sie von sich weist, zeigt dadurch nicht, daß er eine gereifte Persönlichkeit ist. Er offenbart stattdessen, daß es in seinem Gefühlsleben einen Bereich gibt, in dem er furchtsam und unsicher ist. Er muß deshalb eine solche kindhafte Verworrenheit schleunigst ablegen und im Glauben wachsen.

Ein solcher Reifungsprozeß beginnt damit, daß man erkennt, wie der Herr Jesus eindeutig zwischen Zuwendung und Zustimmung unterscheidet. Er war so voller Zuversicht und innerer Gewißheit, daß er sich voll tiefen Mitleids unter den Zöllnern und Sündern, den Weinsäufern, den Dieben und Huren bewegen konnte. Und doch stieg er dabei kein einziges Mal von seiner sittlichen Ebene herab, und keinem kam der Gedanke, daß er ihr sündiges Verhalten billigte. Das warfen ihm allerdings die Pharisäer vor, doch sie übertrugen dabei nur ihre eigene innere Not auf ihn.

In dem Bericht, wie er mit der Samariterin umgeht, die sich mit vielen Männern eingelassen hatte (Joh. 4,5-42), oder in der Geschichte von dem betrügerischen Steuereintreiber Zachäus (Luk. 19,1-10) oder in der Begebenheit, wo die Frau im Ehebruch ertappt war (Joh. 8,3-11) finden wir Musterbeispiele des Verhaltens Jesu, dem es zu folgen gilt. Seine Worte an die im Ehebruch überführte Frau offenbaren die rechte Haltung: »So verdamme ich dich auch nicht; sündige hinfort nicht mehr!« Hier haben wir eine liebevolle Zuwendung und eine heilvolle Ablehnung, ein persönliches Mitleid und eine sittliche Aufforderung, wie sie Jesus in unnachahmlicher Weise verbindet, daß die Unterschiede nicht verwischt werden.

Viele von uns werden nie zu einem wahren Frieden mit Gott in einer persönlichen Heilserfahrung finden, wenn sie nicht diesen Drosselstrick einer kindhaften Verworrenheit zerschneiden. Gott wartet mit seiner Zuwendung und seiner Liebe zu uns nicht so lange, bis er allem zustimmen kann, was wir tun. Täte er das, wären wir alle hoffnungslos ewig verloren. Wenn er aber nicht wartet, wo er doch der Erhabene und Heilige ist, warum sollten wir dann zögern, uns selbst und anderen Zuneigung entgegenzubringen?

DER UNTERSCHIED ZWISCHEN VERSUCHUNG UND SÜNDE

Jakobus sagt in seinem Brief, wir sollten es als Freude ansehen, wenn wir in mancherlei Anfechtungen fallen. Ja, er wagt es sogar zu behaupten, daß der Mensch, der die Anfechtung erduldet, selig ist. So sehen wir aber normalerweise die Sache nicht, und einige verschlimmern sie noch dadurch, daß sie keinerlei Unterschied zwischen Anfechtung und Sünde machen. Wir müssen schon genau auf das achten, was die Schrift sagt und wie eine Versuchung praktisch aussieht, damit wir nicht auf die schmierigen Einflüsterungen Satans hereinfallen, die ein beständiges Schuldgefühl und dauernde Selbstanklagen in uns hervorrufen.

Zuerst müssen wir uns gut merken, daß jeder Mensch unter Versuchungen zu leiden hat. Dante stellte sich das Christenleben sinnbildlich als eine Reise vor, bei der ein Mann eine kurvenreiche Gebirgsstraße emporklettert. Am Anfang seiner Reise ist er ein junger Mann. Nach einem kurzen Aufstieg springt ein knurrender Wolf aus dem Gebüsch hervor und versucht, ihn in Stücke zu reißen. Für Dante ist dies der Wolf der Lust, der körperlichen Leidenschaft; er verkörpert die Hauptversuchung beim jungen Menschen.

Wie er höher klettert und in die Lebensmitte kommt, springt ihn ein riesiger Tiger an. Es ist der Tiger des Stolzes und er verkörpert die große Versuchung im mittleren Alter – den Stolz auf die Stellung, den Namen und das gesellschaftliche Ansehen. Schließlich kommt im Alter in der Nähe des Gipfels ein großer Mähnenlöwe auf ihn zugesprungen. Das ist die große Versuchung im späteren Leben – Geld und finanzielle Absicherung.

Was Dante mit seiner Darstellung der drei Hauptversuchungen im Leben bezweckt, ist folgendes: Zu keiner Zeit ist der Christ in seinem Glaubensleben frei von Anfechtung. Es gibt niemand, wie geistlich gereift er auch sein mag, der nicht in irgendeiner Weise angefochten ist.

Viele, die in die Seelsorge kommen, weil sie um ihren inneren Zustand besorgt sind, sind der falschen Auffassung, daß sie von einer bestimmten Höhenlage ihres Glaubenslebens an keine Anfechtungen mehr durchzustehen haben. Im Neuen Testament wird die Geschichte und die Landeskunde der Kinder Israel zur Versinnbildlichung unserer Glaubenserfahrungen genommen. Das Volk Israel in Ägypten dient als Beispiel für die Sklaverei und die Knechtschaft der Sünde; das Wunder am Roten Meer versinnbildlicht unser Heil und unsere Rettung; die Wanderungen verdeutlichen das geistliche Wachstum; die vierzig Jahre in der Wüste stellen den ich-erfüllten, fleischlichen Gäubigen dar, der unter seinen Niederlagen seufzt; der Jordan bezeichnet die Stelle der völligen Hingabe, und das verheißene Land Kanaan stellt die Höhe eines vom Geist Gottes erfüllten Lebens dar.

Was war die Haupttätigkeit, die das Leben des Gottesvolkes im Lande Kanaan unter Josua bestimmte? Das Kriegführen! Sie waren zwar ins Land eingedrungen, aber nun sollten sie alles in Besitz nehmen. Das ganze Buch Josua besteht aus der Schilderung des großen Feldzuges zur Besitznahme des Landes. Zu jeder Zeit in unserem Glaubensleben sind wir der Versuchung ausgesetzt. Weil wir in unserer sittlichen Handlungsweise freie Menschen sind, wird uns die Entscheidungsgewalt nie abgenommen. Gott ändert uns nicht von einem Menschen in eine Pflanze oder in ein Tier; er macht auch aus uns keine sittlichen und geistigen Roboter. Oswald Chambers hat oft gesagt: Gott kann uns im Nu ein reines Herz schenken, aber er kann nicht auf die Schnelle eine christliche Persönlichkeit aus uns machen. Dazu braucht es Zeit, und dazu kommt es erst, wenn wir die richtigen glaubensmäßigen Entscheidungen getroffen haben.

Die Anfechtung ist das Prüfgelände für diese Entscheidungen, und keiner ist davon frei, nicht einmal unser Herr selbst war es. Dennoch hält sich dieses falsche und kindische Märchen hartnäckig und manche sagen: »Ja, das weiß ich alles. Aber, wenn ich wahrhaft mit dem Geist erfüllt wäre, dann bräuchte ich keine so starken Anfechtungen mehr durchzumachen.« Woher kommt eine solche Auffassung? Gewiß nicht aus dem Wort Gottes und auch nicht aus den Lebensbeschreibungen geheiligter Menschen. Sie geben freimütig zu, daß sie sich mit jeder Art von Anfechtungen auseinanderzusetzen hatten.

Schauen wir uns einmal die Stelle in Jakobus 1,13-14 an:
»Keiner sage, wenn er versucht wird: Ich werde von Gott versucht!« Nein, die Versuchung kommt nicht von Gott. Woher aber kommt sie denn sonst? Wir lesen weiter: »Sondern jeder wird versucht, wenn er von seiner eigenen Lust gereizt und gelockt wird.«

»Lust« ist für unsere heutige Zeit aber keine gute Übersetzung mehr. Im 17. Jahrhundert bezeichnete man mit »Lust« alles, was sich ein Mensch wünschte. Heutzutage beziehen wir es nur noch auf den geschlechtlichen Bereich. Dasselbe griechische Wort steht in Lukas 22,15, wo Jesus sagt:

»Mich hat herzlich verlangt, dieses Osterlamm mit euch zu essen.« Es steht auch in Matthäus 13,17, wo Jesus sagt: »Viele Propheten und Gerechte haben begehrt zu sehen, was ihr sehet.«

Offensichtlich bezeichnet dieses Wort also ein Begehren oder ein Verlangen, das gut oder auch böse sein kann. Bei Jakobus bezeichnet das Wort das, was wir heutzutage die angeborene Naturliebe nennen – ein natürliches Verlangen wie Hunger nach Nahrung, das Verlangen nach geschlechtlicher Betätigung, nach Anerkennung oder nach gesellschaftlichem Beisammensein. Daher müßte es eigentlich heißen: »Jeder wird versucht, wenn er von seinem eigenen Verlangen gereizt und gelockt wird.« Das griechische Wort für »gereizt« ist der Fischereisprache entnommen. Es ist damit die Verlockung des Köders gemeint. Und »gelockt« bezieht sich auf eine zur Jagd aufgestellte Falle.

Nun geben Sie genau acht: »Wenn die Lust – oder das Verlangen – empfangen hat, gebiert sie die Sünde. Die Sünde, wenn sie vollendet ist, gebiert sie den Tod.« Man braucht zwei dazu, wenn man empfangen will, um die Sünde hervorzubringen. Welches sind die zwei? Das natürliche Verlangen des Menschen plus die satanische Einflüsterung, die Versuchung. So haben wir einerseits ein grundsätzliches natürliches Verlangen, das in sich selbst eine Gabe Gottes ist, andererseits aber haben wir die Versuchung zum Bösen, den Köder, die Falle, die satanische Einflüsterung: wir sollten doch diesen Trieb falsch anwenden, ihn verkehren und ihn in einer gesetzeswidrigen und unrechten Art gebrauchen. Beachten wir aber, daß die beiden noch nicht zusammengekommen sind. Sie haben noch nicht empfangen, das heißt, sie sind noch nicht vereinigt. Die beiden sind noch nicht eins geworden; sie sind noch getrennt.

Wer ist es nun, der die beiden entweder auseinanderhält oder ihnen gestattet, zusammen zu kommen, zu empfangen und die Sünde zu gebären? Unser Wille! Solange unser Wille sagt: »Nein, ich erlaube es diesen beiden nicht zusammenzukommen; ich will, daß sie getrennt bleiben!« macht es nichts aus, wie stark das Verlangen oder wie verlockend der Köder und die Versuchung sind, wir sündigen dann nicht.

Ich möchte hierzu ein einfaches Beispiel gebrauchen: Ich habe auf meinem Grundstück gearbeitet. Die Mittagszeit kommt herbei. Ich brauche gar nicht auf die Uhr zu schauen. Mein Magen hat mir schon recht deutlich zu verstehen gegeben, wie spät es ist. Ich bin hungrig. Ich schaue auf und sehe einen Apfelbaum. Einige köstliche Äpfel locken mich an. Ich bin hungrig und mir läuft sogar das Wasser im Munde zusammen. Also gehe ich hin, um mir einen zu holen. Aber wie ich genauer hinschaue, sehe ich, daß der Baum nicht auf meinem Grundstück steht; er steht auf dem Grundstück des Nachbarn und gehört deshalb ihm. Mein Verlangen aber treibt mich weiter, den Apfel zu essen. Ich werde versucht, aber ich sage: »Nein!« Mein Wille steht zwischen meinem Hunger und dem Apfel. Ich bin versucht worden, aber ich habe nicht gesündigt. Mein Wille hat ein Zusammenkommen der beiden verhindert. Wenn mein Wille nachgeben würde, würden beide – Verlangen und Versuchung – zusammenkommen und das Ergebnis wäre Sünde.

Das ist ein einfaches Beispiel, und für manche Fälle ist es zu einfach. Aber es erhellt den Hauptpunkt. Wir können den gleichen Gedanken auf andere Gebiete der Versuchung übertragen, etwa auf das geschlechtliche Verlangen oder auf das Verlangen nach Anerkennung oder nach Besitz. Das sind alles grundlegende, gottgegebene Triebe, die in sich selbst gut sind. Wenn einen das Verlangen überkommt, dann ist das nicht sündiger, als wenn uns das Wasser beim Anblick des Apfels im Munde zusammenläuft. Aber das Geheimnis liegt darin begründet, was wir mit den bösen Einflüsterungen anfangen. Ob wir uns dagegen wehren, oder ihnen nachgeben. »Wir können nicht verhindern, daß die Vögel uns um den Kopf herumfliegen, aber wir können verhindern, daß sie auf uns Nester bauen!« Versuchung ist nicht gleich Sünde. Ein böser Gedanke ist keine Sünde, aber wenn wir ihm gestatten, sich bei uns einzunisten, bis unsere Gedankenwelt böse wird, dann ist das Sünde. Das Verlangen an sich ist nicht Sünde; wenn wir aber der bösen Einflüsterung nachgeben, das Verlangen zur Tat werden zu lassen, dann ist das Sünde.

Brent, ein junger Student, kam zu mir in die Seelsorge. Nachdem ich mir sein Versteckspiel mit angeblichen intellektuellen Schwierigkeiten angehört hatte, die er mit dem christlichen Glauben hatte, fragte ich ihn: »Warum sagen Sie mir denn nicht, was Sie eigentlich auf dem Herzen haben?« Das tat er dann. Er war böse auf Gott. »Warum?« fragte ich ihn, »was hat er Ihnen getan?« Die Antwort war: »Das ist es ja gerade; mir macht das zu schaffen, was er nicht für mich getan hat. Vergangenes Jahr habe ich ihn auf der Glaubenskonferenz gebeten, er möchte mich doch von meinem Geschlechtstrieb befreien. Der Kampf ist für mich zuviel, deshalb habe ich ihn gebeten, mir diesen Trieb zu nehmen.«

Die eigentliche Schwierigkeit lag für Brent darin, daß er sich nie über den Unterschied zwischen Versuchung und Sünde im Klaren geworden war. Es dauerte sehr lange, bis er es klar erkannte. Als er einsah, wie dumm es von ihm war, auf Gott böse zu sein, konnte ich ihm helfen, in seinem Glaubensleben wieder zurechtzukommen. Jahre danach hatte ich die Freude, ihn mit einer hübschen jungen Christin zu trauen. Beim anschließenden Empfang flüsterte er mir zu: »Wie bin ich doch so froh, daß Gott mein Gebet nicht erhört hat!«

Darauf erwiderte ich lachend: »Amen!«

Bitten Sie Gott nicht, Sie von Ihrem Geschlechtstrieb oder von Ihrem Ehrgeiz oder von Ihrem Temperament zu befreien! Er kann die Gebete gar nicht erhören. Aber er kann und er will Ihnen Selbstbeherrschung über Ihren Geschlechtstrieb geben. Er kann es Ihnen schenken, daß Sie einen Ehrgeiz haben, der Sie ganz erfüllt – Gott zu verherrlichen. Und er kann unser Temperament so reinigen und umgestalten, daß wir wie Jesus auf das böse werden, auf das wir eigentlich böse werden sollten. Wir müssen nur den Unterschied zwischen Versuchung und Sünde erkennen.

DER UNTERSCHIED ZWISCHEN NOTLAGE UND SCHADEN

Es gibt noch etwas, was uns aus den Tagen unserer Kindheit und Jugend nachhängt: Wir können nicht unterscheiden, ob jemand uns in Not bringt oder ob er uns Schaden zufügt. Für ein Kleinkind ist eine solche Unterscheidung fast ein Ding der Unmöglichkeit. Wie auch immer die Umstände liegen oder was auch immer die Beweggründe sein mögen, alles, was bei einem Kind Schmerzen hervorruft, wird von ihm als Notlage angesehen. Auch wenn Eltern oder Freunde etwas ganz Unbeabsichtigtes tun und es ihnen nachher schrecklich leid tut – einem Kind ist das ganz gleich; weil es ihm weh tut, weint es.

Erst wenn wir erwachsen werden, geht uns langsam der Unterschied auf. Früher rang ich manchmal zum Spaß mit meinem Vater, und dabei tat er mir gelegentlich unbeabsichtigt weh. Ich erinnere mich noch, wie ich ihm dabei in die Augen schaute. Wenn ich Schmerz darin wahrnahm, dann wußte ich, daß er es nicht so gewollt hatte. Obwohl ich manchmal arge Schmerzen hatte und nahe am Weinen war, tat ich es deshalb doch nicht. Damals wußte ich noch nicht, daß ich dabei war, etwas Wichtiges zu lernen.

Wie steht es aber um solche Familien, in denen es keinerlei Unterschied zwischen Notlagen und Schaden gibt – wo Züchtigung und Strafe, Alkohol und Zornausbrüche, Entwürdigungen und Mißhandlungen so durcheinander geraten, daß einer, der in Not kommt, dabei zugleich auch bleibenden Schaden erleidet? Für jemanden, der aus einer solchen Umgebung kommt, kann es sehr schwierig werden, den genauen Unterschied herauszufinden. Vielleicht ist manches in seiner Erinnerung hängengeblieben, wovon er geheilt werden muß, und vielleicht hat er es sich angewöhnt, in einer Weise zu reagieren, die einer gründlichen Umschulung bedarf, um ein gereifter Christ zu werden.

Zum Reifwerden gehört auch die Züchtigung. Sie ist ein Beweis dafür, daß Gott uns liebt und daß er sich um uns kümmert. »Wen der Herr liebt, den züchtigt er... Gott handelt mit euch wie mit Kindern; denn wo ist ein Sohn, den der Vater nicht züchtigt?... Er züchtigt uns zum Guten, daß wir Anteil an seiner Heiligkeit erlangen« (Hebr. 12,6,7,10). Das heißt soviel, daß Gott nicht zögert, uns in Not zu bringen, wenn es dazu dient, seine gereiften Söhne und Töchter zu werden.

Er wird uns zwar in Not bringen, aber er wird uns nie Schaden zufügen. Er wird uns in Not bringen, damit wir es uns abgewöhnen, uns auf unsere Gefühle zu verlassen, und es uns angewöhnen, uns ganz und gar auf ihn zu verlassen. Er wird uns in Not bringen, um uns unsere Selbstzufriedenheit abzugewöhnen und uns daran zu gewöhnen, uns ganz auf ihn zu verlassen. Gott schreckt nicht davor zurück, uns in Not zu bringen, aber die Not soll uns stets zur Heilung und zur Hilfe dienen, nie zu unserem Schaden.

Vielleicht läßt sich das am eindrucksvollsten anhand eines sehr persönlichen und schmerzlichen Erlebnisses aus unserem Familienleben illustrieren. Unser Sohn Steve kam zur Welt, als wir als Missionare in Indien tätig waren. Meine Frau und ich sahen sofort, daß er einen Klumpfuß hatte. Die ersten 48 Stunden nach der Geburt sind die entscheidende Zeit zur Behandlung einer solchen Entstellung, aber wir waren 800 Kilometer von einem Krankenhaus entfernt, in dem es einen Orthopäden gab. Bis dorthin war es einen schwierige zweitägige Reise. Es dauerte fast einen Monat, bis wir mit Steve zu dem Krankenhaus reisen konnten, wo sein Füßchen dann in einen Gipsverband gelegt werden konnte. Weil der Klumpfuß einen Monat lang nicht hatte behandelt werden können, dauerte seine Heilung mehrere Jahre, und es waren drei Operationen erforderlich.

Nie werde ich den Tag vergessen, an dem unser Orthopäde meine Frau und mich zu sich bestellte. Er drückte mir eine Flasche in die Hand. Sie war ganz in Baumwolle eingewickelt, so daß sie zwar weich, aber auch haltbar war. Er sagte: »Sie als Vater bekommen jetzt eine schwierige Aufgabe von mir. Wenn der Fuß nach der Operation heilen und nicht wieder in die alte verdrehte Lage zurückkehren soll, dann müssen Sie ihn in die andere Richtung drehen.« Jeden Abend gab es einige schmerzerfüllte Minuten in unserer Familie. Meine Frau mußte Steven festhalten – er war noch ganz klein – und ich mußte seinen Fuß ergreifen, ihn über die Flasche spannen und soweit in die Gegenrichtung drehen, wie er sich verdreht hatte. Sie können sich vorstellen, wie Steve reagierte, wie er schrie. Wenn er mich manchmal bat einzuhalten und ich ihm nicht nachgab, schrie er laut: »Papa, ich hasse dich!« Mein Magen verdrehte sich. Mir wurde ganz schlecht dabei. Doch als ich ihn Jahre danach in der Jugendliga Baseball spielen sah, als ich auf der Zuschauertribüne im Tennisstadion der Universität saß und zuschaute, wie Steve und sein Vetter drei Jahre hintereinander das Herrendoppel gewannen, sagte ich mir: »Es war es wert.« Wenn ich ihm zusehe, wie er geht ohne zu hinken, sage ich mir wieder: »Es war es wert!«

Wenn unser himmlischer Vater in der kommenden Zeit darangeht, dich geradezubiegen, bis du im Glauben erwachsen geworden bist, dann tut es weh. Aber wir wollen uns nicht durch kindisches Verhalten aus der Fassung bringen lassen, sondern uns dabei stets den wichtigen Unterschied vor Augen halten: Gott kann uns in Nöte bringen, aber er wird uns nie Schaden zufügen.

»Und ich, liebe Brüder, konnte nicht mehr mit euch reden als mit Geistlichen, sondern als mit Fleischlichen, wie mit jungen Kindern in Christo. Milch habe ich euch zu trinken gegeben, nicht feste Speise; denn ihr konntet noch nicht; auch könnt ihr jetzt noch nicht, weil ihr noch fleischlich seid. Denn weil Eifer und Zank und Zwietracht unter euch sind, seid ihr fleischlich und wandelt nach menschlicher Weise! Denn wenn einer sagt: ›Ich bin Paulisch‹; der andere aber: ›Ich bin Apollisch‹, seid ihr nicht fleischlich? Wer ist nun Paulus? Wer ist Apollos? Diener sind sie, durch die ihr gläubig geworden seid; und das, wie der Herr einem jeglichen gegeben hat. Ich habe gepflanzt, Apollos hat begossen; aber Gott hat das Gedeihen gegeben. So ist nun weder der da pflanzt noch der da begießt etwas, sondern Gott, der das Gedeihen gibt.« *(1. Korinther 3,1-7)*

Kapitel 9

Kindische Abhängigkeit von Gefühlen

Das Wort, das der Apostel Paulus für »kindisch« verwendet, heißt griechisch *nepios* und kommt in der Bibel nur selten vor. Wo es vorkommt, wird es auf Erwachsene angewendet, die die Merkmale von ungebärdigen Kindern tragen und die in ihrer Entwicklung stehengeblieben sind. Das Wort steht auch in Hebräer 5,11-14 als Verdammungsurteil über die, die noch gefüttert und mit Milch ernährt werden müssen, weil sie Kleinkinder sind. Paulus verwendet es, indem er den Korinthern schreibt: »Und ich, liebe Brüder, konnte nicht mit euch reden als mit Geistlichen, sondern... wie mit jungen Kindern« (1. Kor. 3,1).

Dann folgt eine Aufzählung ihrer kindischen Verhaltensweisen. Ganz offensichtlich geht es hier Paulus nicht um eine zeitliche Reihenfolge, denn der Text richtet sich an Erwachsene. Ein solches kindhaftes Verhalten schwindet nicht einfach, wenn die Zeit vergeht. Wenn wir älter werden, werden wir nicht von selbst gereifter, wir werden höchstens runzliger! Paulus sagt daher, daß man ganz entschieden gegen ein solch kindisches Verhalten anzugehen hat. Warum tut er das? Wenn wir eine gereifte Liebe wollen, wie sie uns in 1. Korinther 13 beschrieben wird, müssen wir dieses kindische Wesen aus unserem Leben verbannen.

Die wichtigsten Merkmale bei jungen Kindern sind ihre völlige Ichbezogenheit und ihre Unfähigkeit, warten zu können. Kleine Kinder möchten die Zeitspanne zwischen einem Wunsch und dessen Erfüllung sehr kurz halten. Sie verlangen nach einer sofortigen Befriedigung. Sie sind darüber hinaus auch noch völlig von Gefühlen abhängig.

Auch viele Erwachsene verhalten sich noch so. Sie sind Ichbezogen, sie verlangen eine sofortige Erfüllung ihrer Wünsche und zeigen eine übertriebene Abhängigkeit von Gefühlen. Gefühle sind wichtig, auch im christlichen Glauben spielt das Gefühlsleben eine bedeutsame Rolle. Die Frucht des Geistes ist Liebe, Freude, Frieden, und bei allen dreien ist das Gefühl mit beteiligt. Der christliche Glaube hat nichts mit der stoischen Ethik zu tun. Er verweist das Gefühlsleben keineswegs auf einen untergeordneten Platz, sondern er erkennt an, daß Ganzheit auch das Gefühlsleben einschließt. Eines der Kennzeichen des Lebens im Heiligen Geist ist das freie Fließen dessen, was zutiefst in der menschlichen Persönlichkeit angelegt ist. Der Geist befreit uns dazu, daß wir unsere Gefühle durchleben und sie zum Ausdruck bringen können.

GEFÜHLE UND PERSÖNLICHKEIT

So wie wir unsere Gefühle in anderen Lebensbereichen zum Ausdruck bringen, werden sie sich auch in unserem Glaubensleben zeigen. Wenn wir in unserem allgemeinen Lebensstil Schwierigkeiten mit Gefühlen haben, werden wir in gefühlsmäßiger Hinsicht auch nach unserer Bekehrung nicht zu völlig veränderten Menschen werden. Manche Menschen haben es da schwerer als andere. Meiner Meinung nach trug Timotheus, der junge Schüler des Apostels Paulus, eine Veranlagung zur Schwermut und zur Mutlosigkeit in sich. Wenn er niedergeschlagen war, mußte ihn Paulus ermutigen und ihm wieder zurechthelfen.

Manche Menschen sind tief enttäuscht, weil sie meinen, daß sie ihre Glaubenserfahrungen, ihre Persönlichkeit und ihre Veranlagungen im tiefsten Wesenskern verändern müßten. Gott will nicht den Wesenskern unserer Persönlichkeit verändern. Er möchte uns so haben wie wir sind. In dem Theaterstück »Grüne Weiden« sagt Noah, als er sich Gott übergibt: »Herr, ich bin nicht viel, aber ich bin eben alles, was ich habe!« Das ist eine sehr tiefgreifende Feststellung. Je eher wir uns selbst annehmen, desto besser ist es. Gott möchte uns zu seiner Ehre gebrauchen – als die einzigartigen und unersetzlichen Menschen, die wir sind.

Wir haben alle Probleme in bestimmten Bereichen unseres Lebens. Wie wir verschiedene Talente und Begabungen haben, so haben wir auch verschiedene Schwierigkeiten. Aber die meisten Menschen haben besondere Schwierigkeiten mit ihrem Temperament und mit ihrer Veranlagung. Deshalb ist es heilsam, sich so genau wie möglich mit sich selbst zu befassen, die Grundtatsachen seiner Persönlichkeit anzunehmen und sich keine Vorwürfe zu machen, weil man nicht so ist wie jemand anders.

Unsere Gefühle sind die veränderlichsten und unzuverlässigsten Bestandteile unserer Wesensart. Sie sind geheimnisvoll. Sie sind unerklärlich. Man kann ein Gefühl nicht so von ungefähr hervorbringen und dann nach Belieben darüber gebieten. Gefühle sind von vielen Faktoren abhängig, von denen einige bekannt und einige unbekannt sind. Das haben die Gottesmenschen in früheren Zeiten erkannt. Fenelon, der französische Gottesmann aus dem 16. Jahrhundert, schrieb über »Zeiten der Dürre« und meinte damit Zeitabschnitte im Glaubensleben, in denen man fast gar keine Empfindungen hat. Er stellte eine ganze Liste von Geschehnissen auf, die zu solchen Zeiten der Dürre führen können. Einige von ihnen hören sich sehr geistlich an, doch in der Liste findet sich folgende Feststellung: » Sie können auch von wohlmeinenden Gästen hervorgerufen werden, die sich zu lange in ihrem Haus aufhalten«

Und wir machen uns Gedanken darüber, ob es eine Sünde war, derartige Gefühle zu haben.

Wachen wir nicht beispielsweise manchmal morgens in einer Stimmung auf, die völlig verschieden von jener ist, mit der wir abends zuvor schlafen gingen? Doch selbst bei schärfstem Nachdenken fällt uns kein plausibler Grund dafür ein.

Daher ist es völlig kindisch, sich von seinen Gefühlen bestimmen zu lassen und vor allem ihnen zu gestatten, zum Thermometer unseres geistlichen Wohlbefindens zu werden. Von da aus ist es nur ein kleiner Schritt zu Schuld- und Grollgefühlen und zu der Annahme, daß bei uns etwas nicht in Ordnung ist. Vielleicht, weil wir nichts Besonderes erlebt oder gefühlt haben. Wir fangen dann an, Vergleiche anzustellen und »wenn wir nur...« zu sagen, wobei wir dann jemand sein möchten, der wir gar nicht sind.

Wir wollen uns jetzt einige Gebiete unseres Glaubenslebens vor Augen halten, auf denen wir unsere kleinkindhafte Abhängigkeit von Gefühlen ganz entschieden *katargein* und zu einer gereiften und ausgeglichenen Ganzheit des Glaubenslebens finden müssen.

GEFÜHLE UND GEWISSHEIT

Manche Christen sind von ihren Gefühlen bestimmt, wenn es um die grundlegenden Tatsachen der Heilsgewißheit geht. Zweifellos bringt kein anderes Thema so viele zu ihrem Seelsorger wie das der Gefühle in Beziehung zu ihrem persönlichen Heil. Weil Gefühle so veränderlich und unzuverlässig sind, ist es gefährlich, sich diesbezüglich auf sie zu verlassen. Das heißt nicht, daß das Zeugnis des Geistes mit meinem Geist, daß ich Gottes Kind bin, nicht auch alle meine Gefühlsregungen zutiefst mit einschließt. Aber die Gefühle dürfen nie im Mittelpunkt stehen. Sie sind nicht dazu bestimmt, in der Heilsgewißheit die erste Stelle einzunehmen, sonst sind wir dazu verurteilt, unglückliche und wankelmütige Gläubige zu sein, die nicht die von Gott bestimmte Ordnung der Dinge einhalten.

Diese göttliche Ordnung hat David im Psalm ganz einfach so ausgedrückt: »Schmecket und sehet, wie freundlich der Herr ist« (Ps. 34,8). Das kann man nicht so einfach umkehren und sagen: »Sehet und schmecket!« Es ist unmöglich, etwas erst zu erleben und dann zu schmecken. Erst kommt die Wahrheit der Gottesverheißungen in der Schrift, denn es sind die Verheißungen, die durch das Leben, das Sterben und die Auferstehung Jesu bezeugt sind. Die in der Person Jesu Christi sichtbar gewordene Wahrheit muß angenommen werden, man muß nach ihr handeln, sich ihr unterwerfen und ihr Glauben schenken, ehe sie die richtigen Gefühle hervorbringt. Die Bibel legt Wert darauf, daß wir die Wahrheit erfassen und die Glaubensverbindung herstellen, die dann zu den Gefühlen führt. Das ist die göttliche Ordnung. Erst kommt die Tatsache, dann der Glaube, dann das Gefühl. Schmecket und sehet – Glaube, Vertrauen, Annahme, Ergreifen und dann das Sehen und Fühlen, daß der Herr freundlich ist.

Die sicherste Art, wie man ein niedergeschlagener, kränklicher und schwankender Christ wird, ist die, daß man sich stets fragt: »Wie fühle ich mich?« Es ist ein sicheres Zeichen von geistlichem Kleinkindertum, wenn man seine Gemeinschaft mit Gott auf das Vorhandensein von Gefühlen aufbaut. Der sichere Weg zur geistlichen Reife ist, daß man lernt, Stimmungen und Gefühle in seinem Leben unterzuordnen. Das erfordert Disziplin. Und es erfordert besondere Anstrengung bei Menschen, bei denen das Gefühl im

Mittelpunkt steht und die auf anderen Lebensgebieten nie gelernt haben, vor allem die Wahrheit zu suchen.

Mir persönlich gefällt der Rat gut, den uns eine befreundete Indienmissionarin gegeben hat, wenn man sich niedergeschlagen und von Gott verlassen fühlt und an seiner Heilsgewißheit zweifelt. An solchen Tagen in der Schwermut spricht sie mit sich selbst. Das tue ich gelegentlich auch, schon deshalb, weil ich einen intelligenten Gesprächspartner brauche. Folgende Fragen legt sich dann die Missionarin vor:

1) Habe ich vergangene Nacht genügend Schlaf bekommen?
2) Habe ich jemandem mit Absicht oder unbeabsichtigt weh getan?
3) Bin ich auf jemanden böse, oder bemitleide ich mich selbst?

Wenn in diesen drei Punkten alles in Ordnung ist und sie keinen Grund für ihre geistliche Verstimmung finden kann, wirft sie einfach den Kopf zurück und lacht über sich. Und ihr Lachen hat etwas wunderbar Ansteckendes an sich, wenn sie zu sich sagt: »Nun gut, bleib hier in deiner Schwermutshöhle, wenn du magst. Ich gehe vorwärts an des Herrn Hand.«

In diesem einfachen Rezept liegt eine tiefe Wahrheit verborgen. Wir bestehen nicht einfach nur aus unseren Gefühlen. In jedem beliebigen Augenblick sind wir größer als die Gesamtsumme unserer Gedanken und Empfindungen. Was wir im Innersten eigentlich sind, liegt oberhalb und außerhalb unseres Gefühlslebens. Einer der wichtigsten Schritte zum Reifwerden im Glaubensleben ist der, daß man an den Punkt gelangt, diese Wahrheit im eigenen Leben auszuleben.

Ich erinnere mich noch daran, wie es war, als unser Sohn an diesen Punkt kam. Nach seinem Abitur verkaufte er in einem weit entfernten Staat Bücher an Haustüren. Unsere Telefonrechnung war in diesem Sommer ungeheuer hoch, weil Steve immer dann zum Hörer griff, wenn etwas daneben gegangen war – und es waren natürlich immer R-Gespräche. An seinem ersten Wort schon konnten wir bereits erkennen, ob er niedergeschlagen war. Ich erinnere mich, wie ich ihm dann immer wieder sagte: »Steve, jetzt bist du in dem Alter, wo du eine der wichtigsten Entscheidungen im Leben zu treffen hast: Willst du dein Leben in die Hand nehmen und Herr deiner Gefühle werden? Oder sollen deine Gefühle dein Leben in die Hand nehmen und die Herrschaft über dich ausüben?« Als Junge war er fortgegangen, als junger Mann kam er wieder, weil er in jenem Sommer eine tiefgreifende Entscheidung über sein weiteres Leben getroffen hatte.

Es ist ein großer Wendepunkt, wenn man sich entschließt, sein Leben selbst in die Hand zu nehmen. Manche von uns liegen gleichsam noch in der Wiege, weil sie diese Entscheidung noch nie getroffen haben. Die Jünger sagten: »Herr, lehre uns beten!« Jesus antwortete darauf nicht: »Wenn ihr nun also Lust habt zum Beten...« Nein, er sagte: »Wenn ihr betet, so sprecht: Unser Vater!« Vielleicht sagen wir: »Herr, ich habe aber keine Lust zu sagen: Unser Vater.« Jesus sagte: »Das Himmelreich leidet Gewalt, und die Gewalt tun, die reißen es an sich« (Matth. 11,12). Es ist nicht Christenart, nur das zu sagen, wozu man gerade Lust hat; es ist Christenart, das zu sagen und darum zu beten, von dem man weiß, daß man dazu Lust haben sollte.

E. Stanley Jones hat einmal gesagt, daß man sich ab und zu dazu aufraffen müsse, etwas Neues zu tun, aber manchmal müsse man etwas tun, um sich zu etwas Neuem aufzuraffen. Beim Glauben geht es im Grunde um ein Tun. Wenn der Glaube tätig wird, wenn er ausgelebt wird, dann kommt die Zeit, wo er gewisse Gefühle hervorruft. Das ist Gottes Ordnung. Versuchen wir nur nicht, dies umzukehren, sonst werden wir kindische Christen, die in allen ihren Wegen unbeständig sind.

GEFÜHLE UND FÜHRUNGEN

Viele verlassen sich auf Gefühle, wenn sie in ihrem Glaubensleben Führung suchen. Eine der großen Verheißungen des Glaubenslebens lautet: »Denn alle die, die der Geist Gottes leitet, sind Kinder Gottes« (Römer 8,14). Es gibt im Leben nichts Wichtigeres, als vom Geist Gottes geleitet zu werden. Aber viele von uns mißverstehen das so, als ob dies bedeutet, daß Gott uns stets durch direkte Gefühle und innere Eindrücke leitet. Es ist heute üblich, von der Geistesleitung als vom »heißen Draht zum Himmel« zu reden. Das meint, daß eine starke innere Gefühlsregung vorliegt, die von äußeren Einflüssen ganz unberührt ist. Manche Gläubige dehnen das bis ins Lächerliche aus und gehen sogar so weit, darum zu beten, was sie für Briefmarken auf dem Postamt kaufen sollen. Ich habe von Studenten gehört, die darum beten, ob sie zu einer bestimmten Veranstaltung gehen und ob sie ein Mädchen zu dieser Veranstaltung mitnehmen sollen. Ich weiß nicht, wessen Gebete erhört werden, weil viele Mädchen allein herumsitzen und darum beten, daß die Jungen doch soviel Grips haben und sie einladen möchten. Ganz offensichtlich prallen hier die Gebete aufeinander.

Ein solches ständiges Beten um ein Gefühl oder eine innere Stimme über das, was man tun soll, erstreckt sich von den alltäglichsten Entscheidungen bis hin zu den gewichtigsten Angelegenheiten des Lebens. Der Irrtum besteht nun nicht darin, daß Gott nicht durch eine innere Stimme ganz persönlich zu uns sprechen könnte, und zwar durch Gefühle und Eindrücke. Ich habe das schon so erlebt. Der Irrtum besteht vielmehr darin, daß man Gefühle und Eindrücke zur Hauptquelle der Führung Gottes macht und diese nicht von den anderen, normalen Arten kontrollieren, korrigieren und ausgleichen läßt, auf die Gott uns führt.

Gefühle und Eindrücke kommen aus drei Quellen: Von Gott, vom Teufel und aus den Tiefenschichten unserer Persönlichkeit – unserer persönlichen Veranlagung, unserem Temperament, unserem Naturell, unseren seelischen Verklemmungen und Narben, von den beschädigten Gefühlen unseres Lebens. Diese dritte Quelle kann entweder vom Heiligen Geist oder vom Satan zum Fließen gebracht werden. Davor warnt uns Johannes: »Ihr Lieben, glaubet nicht jedem Geist, sondern prüft die Geister, ob sie von Gott sind« (1. Joh. 4,1)

Die Warnung, die der Apostel Johannes ausspricht, will besagen, daß jede persönliche Glaubenserfahrung geprüft und ausgewertet werden muß. Wir sind sowohl vom sittlichen aber auch vom geistlichen Standpunkt aus dazu verpflichtet, die Geister zu prüfen, bevor wir sagen können: »Der Herr hat mich dazu beauftragt« oder »Der Herr hat mich dahin geführt.«

Lassen Sie mich einiges über Geistesleitung sagen. In den alltäglichen Dingen des Lebens brauchen wir Gott nicht um seine persönliche Leitung zu ersuchen. Viele berufen sich dabei auf Jesaja

30,21, wenn es um besondere Geistesleitung in den Dingen des alltäglichen Lebens geht. Dort heißt es: »Und deine Ohren werden hinter dir die Worte hören: ‚Das ist der Weg, wandelt darin!‹ Weil sie den Schluß des Verses auslassen, verkehren sie seine eigentliche Bedeutung. Der Vers geht so weiter: »Wenn ihr nach rechts oder nach links geht.« Mit anderen Worten, nur dann, wenn wir uns nach rechts oder links wenden und dabei die Richtung wechseln, hören wir »die Stimme«, die uns den rechten Weg weist..« Solange wie wir aber auf dem rechten Weg wandeln und die Weisungen des Herrn befolgen, brauchen wir keine besondere Wegweisung, keine besondere Offenbarung von Gott.

Wenn wir Kinder Gottes sind, ihm unser Leben ausgeliefert und die Kontrolle überlassen haben, wollen wir froh unseren Weg gehen! Wir sollen in der Überzeugung leben, daß das, was wir tun, richtig ist, weil wir eine Lenkhilfe haben. Wir werden vom Heiligen Geist geleitet! Wenn wir bei jeder kleinsten Einzelheit des alltäglichen Lebens auf ein Gefühl oder eine Eingebung warten, dann erweisen wir dem Heiligen Geist, der in uns wohnt und uns führt, kein Vertrauen. Es ist der sicherste Weg, um uns selbst und unsere ganze Umgebung zu verunsichern.

Wenn es aber um besondere Entscheidungen geht und wir ein ganz besonderes Wort von Gott brauchen, ist es gut, uns daran erinnern zu lassen, daß zum Erkennen einer Führung Gottes mehrere Dinge gleichzeitig gehören:
a) Gottes Wort
b) äußere Umstände (offene oder geschlossene Türen)
c) unsere eigene möglichst sorgfältige und planvolle Überlegung
d) der Rat anderer Christen
e) was uns unsere Gefühle im Innersten raten.

Diese fünf Punkte sind wie große Lichter, die Gott uns zu unserer Führung gibt. Kein guter Kapitän richtet sich in Meerengen nur nach einem einzigen Licht. Sein Schiff würde an den Klippen zerschellen oder auf eine Sandbank auflaufen. Nicht einmal zwei oder drei Lichter reichen aus. Ein erfahrener Seemann schaut aus nach allen verfügbaren Lichtern und weiß so, daß er in der sicheren, tiefen Fahrrinne ist und sein Ziel sicher ansteuern kann.

Ich erinnere mich noch an die Unterhaltung mit einem Piloten eines Missionsflugzeuges, nachdem dieser einen langen und schwierigen Kurs zur Erlangung einer Erlaubnis für Instrumentenflug hinter sich gebracht hatte. Eins blieb mir besonders im Gedächtnis. Er sagte: »Weißt du, das Fliegen nach Instrumenten unterscheidet sich dadurch so sehr vom gewöhnlichen Fliegen nach Sicht, daß man es lernen muß, nicht einfach nach seiner eigenen Wahrnehmung zu fliegen. Manchmal geht einem das ganz gegen das Gefühl. Man muß seine Augen fest auf die Instrumente gerichtet halten und hat manchmal den Eindruck, als flöge man in eine ganz andere Richtung. Aber es ist lebensgefährlich, sich bei unklaren Sichtverhältnissen nach seinem Gefühl zu richten.«

Auch im Glaubensflug kann man sich nicht auf seine Gefühle verlassen. Wir müssen unseren Blick auf die Instrumente gerichtet halten: Gottes Wort, das Vorbild Christi, den Rat gereifter gläubiger Freunde, unsere eigene sorgfältigste Planung, das Eintreten von Umständen und unsere innersten Gefühle. Wir wollen diese so gut wie möglich gegeneinander abwägen und die kindische übermäßige Abhängigkeit von Gefühlen und Stimmungen als Grundlage für unsere Lebensführungen ablegen.

GEFÜHLE UND GUTE WERKE

Manche Menschen verlassen sich auf ihre Gefühle, wenn es darum geht, jemand anderem etwas Gutes zu tun. John Wesley hat in einer seiner Predigten ganz entschieden davor gewarnt »die Sünde zu begehen, darauf zu warten, erst ein gutes Gefühl zu haben, bevor man etwas Gutes tut.« Wie oft denken wir: »Mir ist im Augenblick gar nicht danach zu Mute, diese Sache zu tun.« Jakobus schreibt: »Wer da weiß Gutes zu tun und tut's nicht, dem ist es Sünde« (Jak. 4,17). Er sagt nicht: »Wem danach zumute ist«... Nur allzu oft warten wir wie kleine Kinder auf Gefühle als Triebfeder für unsere Handlungen. Wir sagen dann: »Ach, mir war gerade danach zumute« oder »Ich habe es nicht getan, weil mir nicht danach zumute war«. In unserer heutigen notvollen Welt bedarf es keines großartigen Gefühls, das uns dazu treibt, im Dienst für den Herrn Jesus Gutes zu tun.

Paulus schreibt an die Gläubigen in Ephesus, daß wir nicht durch gute Werke errettet werden. Wir berufen uns gerne auf diese Stelle, aber wir brauchen nur etwas weiter zu gehen, um zu lesen, daß wir zu guten Werken errettet sind (2,8-10). Es gibt viele unglückliche ichbezogene Gläubige, die es sich bei der Lösung ihrer Probleme und beim Wachstum im Glauben viel einfacher machen könnten, wenn sie aufhören würden, herumzusitzen, sich ihre geistliche Temperatur zu messen, ihren seelischen Puls zu fühlen und darauf zu warten, daß ein inneres Gefühl sie in den Strom des Dienstes für Christus hinausschiebt.

Es ist Sünde, wenn man darauf wartet, bis es einem danach zumute ist, etwas Gutes zu tun. Wir können schon jetzt damit beginnen, die guten Werke und Dienstleistungen zu tun, von denen wir wissen, daß sie getan werden müssen.

»Ich bin mit Christus gekreuzigt; nun lebe nicht länger ich, sondern Christus lebt in mir; denn was ich jetzt im Fleisch lebe, das lebe ich im Glauben an den Sohn Gottes, der mich geliebt und sich selbst für mich dahingegeben hat.« *(Galater 2,20).*

»Wißt ihr nicht, daß euer Leib ein Tempel des Heiligen Geistes ist, der in euch wohnt, den ihr von Gott habt, und seid nicht euer eigen? Denn ihr seid teuer erkauft; daher preiset Gott an eurem Leibe!«

(1. Korinther 6,19-20)

Kapitel 10

Kindische Vorstellungen über das Ich und über die Hingabe des Ich

Was meint die Bibel mit dem Wort »Ich?« Was meinen wir mit Hingabe des Ichs oder mit vollkommener Heiligung, Kreuzigung des Ichs, Tod des Ichs, oder wenn wir sagen, wir hängen das Ich an das Kreuz und setzen Christus auf den Thron des Herzens? Wir gebrauchen diese Begriffe, entscheidend wichtig für unser Glaubensleben aber ist es, daß wir sie auch verstehen. Wenn unser Verstehen an diesem Punkt getrübt oder verwirrt ist, folgt ganz gewiß viel falsches Denken, falsches Fühlen und falsches Leben.

Dag Hammerskjöld war wohl der bedeutendste Generalsekretär, den die Vereinten Nationen hatten. Als sein Flugzeug in Afrika zu Bruch ging, war das für alle Welt unfaßbar, und eine Zeitlang dachte man, daß Sabotage im Spiel sei. Er starb auf offenem Feld in einer klaren Nacht. Niemand konnte sich vorstellen, warum das passiert war, bis die Flugkarte, nach der sich der Pilot orientiert hatte, in den Trümmern des Flugzeuges gefunden wurde. Der Flugzeugführer hatte die Karte von der Stadt Ndolo bei sich, die in Zaire liegt. Aber Hammerskjöld wollte nach der Stadt *Ndola* in Sambia fliegen. Der Pilot machte eine Bruchlandung, weil er meinte, er könne auf der Rollbahn noch 300 Meter weiterrollen. Zwischen Tod und Leben lag nur ein einziger Buchstabe. Wenn wir die falsche Landkarte des Ichs und der Selbsthingabe haben, endet unser Christenleben gewiß in Verzweiflung und Enttäuschung. Es gibt keinen Begriff, der wichtiger für ein gereiftes Verständnis dessen ist, was Christus von uns will, als ihn.

Wir wollen gemeinsam einige der falschen und schädlichen Gedanken über das Ich und die Selbsthingabe anschauen, um zu erkennen, ob wir sie ablegen müssen.

SELBSTVERNICHTUNG

Als sehr eifriger jugendlicher Christ hatte ich die Stelle im Galaterbrief besonders gern, in der es heißt: »Ich bin mit Christus gekreuzigt.« Und wie mir das gefiel; »Nicht mehr lebe ich, sondern Christus lebt in mir.« Aber der kleine Absatz dazwischen gefiel mir gar nicht: »Ich lebe aber...« (Gal. 2,20). Ich hielt diesen Absatz für wenig geistlich, bis ich als Missionar nach Indien kam. Erst dort wurde mir klar, wie geisterfüllt diese drei Worte sind. Im Fernen Osten versucht man nämlich, das Problem des Ichs dadurch zu lösen, daß man sich von ihm befreit. Im Buddhismus heißt es: »Lösch die Kerze deines Ichs im Nirwana aus!« Der Hinduismus geht etwas sanfter zu Werk: »Nicht auf Selbstvernichtung kommt es da an, sondern auf ein Aufgehen des Ichs in Gott«. Die persönliche, individuelle Existenz muß sich so mit Gott vereinen, daß sie wie ein Regentropfen in den Ozean versinkt, aus dem sie gekommen ist, und dabei ihre Eigenständigkeit verliert.

»Ich bin mit Christus gekreuzigt«, sagt Paulus, »doch ich bin immer noch am Leben. Ich bin weder zerstört noch aufgesogen noch aufgelöst. Ich bin auch nicht ausgelöscht.« Der Höhepunkt im Heilsplan Gottes ist erreicht, wenn wir im Himmel sind, um in Ewigkeit frohe Gemeinschaft mit Gott zu haben. Im christlichen Glauben gibt es auch nicht den geringsten Hinweis darauf, daß Ihre oder meine Persönlichkeit vernichtet wird, wenn wir dorthin gelangen. Wir wollen es uns für alle Zeiten merken, daß unser Ich von Gott selbst kommt und daß unsere Persönlichkeit ewig, unvergänglich und unzerstörbar ist. Gott will nicht, daß sie zerstört wird. Er kann mit ihr Gemeinschaft haben und sie im Himmel belohnen; er kann sie in der Hölle von sich absondern und abtrennen. Aber sie bleibt bestehen. Bernhard von Clairvaux hat recht, wenn er über diese grundlegende wichtige Personenhaftigkeit schreibt: »Sie kann niemals ausgebrannt werden, nicht einmal in der Hölle.«

Wir müssen uns davor hüten, in Bezug auf die Selbsthingabe in Irrtum oder Verwirrung zu verfallen: »Gott, nimm doch bitte mein Ich von mir! Gott, ich möchte dahin kommen, daß ich nie mehr an mich denke!« Ein solches Gebet ist nicht christlich und richtet große Verherungen in unserem Leben an. Das gilt in besonderem Maß für junge Menschen, die die Ängste und Aufregungen zu durchstehen haben, wie sie bis zum zwanzigsten Lebensjahr typisch sind. Im heranwachsenden Alter besteht man bildlich gesprochen ganz aus Armen und Beinen und fällt dabei immer über sich selbst. Wir gleichen dem Tausendfüßler, der versuchte herauszufinden, welches Bein er vor das andere setzen sollte und sich dabei ganz und gar verhedderte. Wir sind gehemmt, und in unserer Verzweiflung schreien wir nach einem geheiligten Leben und nach einer geistlichen Verhaltensweise, die uns in irgendeiner Form von dem intensiven Bewußtsein unserer Existenz befreit.

Junger Mensch – wenn Gott dir diesen Gebetswunsch erhört, dann bist du in einer ganz schlechten Verfassung! Dann wird man den Krankenwagen holen müssen, weil du im Koma liegst. Selbst wenn du geistlich auf der Höhe bist, verlierst du nicht die uns Menschen geschenkte Gabe des Bewußtseins deiner selbst.

SELBSTHERABSETZUNG

Es gibt gläubige Christen, die Selbstverleugnung mit Selbstherabsetzung gleichsetzen. Sie tun das, weil sie die rechte Stellung der Liebe zu sich selbst im Glaubensleben nicht verstehen. Sie verwerfen die Liebe zu sich selbst, weil sie in ihr das eigentliche Wesen der Sünde sehen. Es ist aber gefährlich, das Ich für etwas in sich selbst Böses anzusehen.

Jesus sagt, daß wir Gott von ganzem Herzen und unseren Nächsten wie uns selbst lieben sollen. Die Liebe zu uns selbst ist für eine gereifte, geheiligte und gesunde Lebensweise ebenso notwendig wie die Liebe zu Gott und zu anderen Menschen. Ja, die Liebe zu Gott und zu meinem Nächsten erfordert ein gewisses Maß an Selbstbestätigung und Selbstliebe, indem man seine Eigenheit achtet, schätzt und bewahrt.

In dem großartigen Abschnitt, den wir im Epheserbrief über die Ehe finden, lesen wir, daß die Liebe eines Mannes zu seiner Frau an seiner Liebe zu sich selbst abgelesen werden kann (5,28-29).

John Wesley schreibt: »Die Liebe zu sich selbst ist keine Sünde; sie ist eine unbestreitbare Pflicht.«

Die Ichhaftigkeit ist eine Sünde, und die Ichbezogenheit ist es auch, denn es handelt sich hier um Verzerrungen und Verkehrungen der Liebe. Wir wollen nicht der Meinung verfallen, daß die Kreuzigung unseres Ichs, die Selbstverleugnung und die Selbsthingabe soviel bedeuten wie Selbstverachtung oder Selbstgeringschätzung. Sogar das Wort Selbstlosigkeit kann sehr irreführend sein. Das Gegenteil von Stolz und Ichbezogenheit ist nicht Selbstlosigkeit oder Selbstverachtung, sondern Gegründetsein in Gott. »Ich lebe, doch nun nicht ich...« Ja, mein Ich lebt noch, aber es ist kein Ich, das im Mittelpunkt steht und voll von sich selbst ist. Es ist ein Ich, das von Christus erfüllt ist und bei dem Christus im Mittelpunkt steht. Wir sollen nicht die Selbstzurücksetzung oder die Selbstlosigkeit zum Ziel unseres Glaubenslebens machen.

Der Kirchenvater Augustinus hat viel Gutes gesagt, aber er hat auch schreckliche Fehler gemacht. Es hat Jahrhunderte gedauert, bis wir einige der Auswüchse in seinen Aussagen überwunden haben, die sich auf den Leib, das Geschlechtsleben und auf das Ich beziehen. Einer von diesen Fehlgriffen findet sich im »Gottesstaat«: »Der Unterschied zwischen dem Weltstaat und dem Gottesstaat besteht darin, daß der eine gekennzeichnet ist durch die Ichliebe, die die Verachtung Gottes einschließt, der andere (der Gottesstaat) ist gekennzeichnet durch die Liebe zu Gott, die die Verachtung des Ichs einschließt. »Das ist ganz falsch, ganz unbiblisch, aber viele von uns leben so. Wir meinen dabei, daß wir Gott gefallen. Wir meinen, daß wir durch eine immitierte Heiligkeit ein wirklich geheiligtes Leben hervorbringen. In Wirklichkeit bringen wir eine schuldbelastete Frömmigkeit, eine freudlose Selbstverleugnung und ein nicht besonders anziehendes Gutsein hervor. Anstatt daß die Selbstverachtung uns von unserer Ichbezogenheit und unserem Hochmut befreit, treibt sie uns in eine fromme Selbstbezogenheit und einen frommen Hochmut hinein.

In den »Briefen an einen Unterteufel« gibt der Oberteufel Screwtape diesbezüglich einen Rat. Der Unterteufel, sein Neffe Wormwood, hat seinen ersten Dienstauftrag bekommen. Er spricht von dem jungen Christen, den er versucht, immer als von seinem Patienten. Screwtape schreibt an Wormwood: »Du mußt daher vor deinem Patienten den eigentlichen Zweck der Demut geheimhalten. Laß ihn denken, es handle sich nicht um eine Selbstverleugnung, sondern um eine bestimmte niedrige Meinung von seinen eigenen Fähigkeiten und Anlagen.«

Bei einem anderen Anlaß, als Wormwood alle Arten der Versuchung ausprobiert hat und der junge Christ auf keine von ihnen hereingefallen ist, schreibt Screwtape an ihn: »Dein Patient ist demütig geworden; hast du seine Aufmerksamkeit schon auf diese Tatsache gelenkt?«

Die Selbstverachtung gefällt Gott nicht und sie ist nicht die Antwort auf das Problem des Hochmuts. Ja, sie verschlimmert das Problem nur noch. Die Psychologin Karen Horney sagt dazu: »Der Haß gegen sich selbst ist der untrennbare Gefährte des Hochmuts. Es gibt das eine nicht ohne das andere.« Wie oft werden Selbstbeschuldigungen zu einer verdrehten Form von guten Werken, zu einer inneren Buße, die wir zu leisten haben und bei der wir meinen, daß wir Gott so gefallen. Es ist das Abzeichen der Mitgliedschaft in einem elitären heiligen Klub, der sich damit brüstet, daß er sich selbst in den Dreck zieht und sich schuldig spricht. Und so ereignet sich etwas Verwunderliches: die Verurteilung unseres Ichs wird zur Grundlage eines »guten Gewissens«.

Es gibt Menschen, die gar nicht leben könnten, wenn sie sich nicht schuldig fühlen; die Ängstlichkeit auf dem Gebiet des Glaubens würde sie in Stücke reißen. Unser schuldbewußtes Ich wird zur Grundlage eines »guten Gewissens«, während ein gutes Gewissen in irgendeiner Form Schuldgefühle hervorbringt. Das erinnert mich an eine Karikatur, die ich einmal sah. Zwei Gefängnisinsassen stehen im Gefängnishof und flüstern über einen Dritten. Der erste Insasse sagte zum zweiten: »Weißt du, was ich an dem nicht ausstehen kann, ist seine Ich-habe-mehr-Schuld-als-du-Haltung!« Jesus sagt doch: »Liebe deinen Nächsten wie dich selbst!«

Selbstliebe und nicht Selbstlosigkeit ist die Grundlage aller zwischenmenschlichen Beziehungen. Selbstlosigkeit im Umgang miteinander kann sich als reine Liebedienerei und als Gefälligkeitsstreben erweisen. Man benutzt sie oft als Ausrede, um den dem rauhen, dem wirklichen Leben entspringenden Fragen nach Recht oder Unrecht einer Sache aus dem Wege zu gehen. Und natürlich kann Selbstlosigkeit in den Händen eines christlichen Grobians zu einem besonders feinen Folterwerkzeug werden, mit dem er geistliche und seelische Erpressung betreibt, indem er in uns Schuldgefühle weckt, nicht so zu sein wie er. Damit kann er uns kontrollieren und uns in jede ihm genehme Situation hineinmanövrieren.

Das Herzstück des Glaubenslebens ist die Liebe, die Gott mit Einsatz des ganzen Ichs liebt und den Nächsten wie sich selbst. Wir dürfen es deshalb nicht so übersetzen: »Liebe deinen Nächsten anstatt deiner selbst!« Jesus sagt: »Liebe deinen Nächsten wie dich selbst!« Das erfordert nicht einen geringeren Einsatz des Ichs, sondern einen größeren Einsatz des Ichs, das mit Kraft und Liebe erfüllt ist.

SELBSTVERWIRKLICHUNG

Eine weitere unzutreffende Antwort auf die Frage nach dem Ich, die in den letzten Jahren auf Grund einer wahren Explosion einer Psychologie des Mit-Sich-Selbst-Eins-Seins erfolgt ist, ist die Selbstverwirklichung. Sie sagt: »Nimm dich an, drück dich aus!« In dieser psychologischen Richtung braucht das Ich nicht hingegeben zu werden, man braucht es nur zu entwickeln. Vielleicht liegt ein Grund für eine solche Empfehlung darin, daß wir Christen unsere Selbstverachtung auf die Spitze getrieben haben. Die Selbstverwirklichung enthält zwar vieles Wahre und Hilfreiche, ist aber nicht die biblische Antwort auf die Frage nach dem Ich.

Alan Reuter, ein lutherischer Pfarrer, hat ein interessantes Buch geschrieben, dessen Titel lautet: »Wer sagt denn, daß ich mit mir eins bin?« Reuter bejaht zwar die Psychologie des Mit-Sich-Eins-Seins, aber er deckt auch ihre Unzulänglichkeiten auf und weist nach, wie sie zu einem neuen Götzen werden kann und zu einem Mittel, der wahren Ich-werdung zu entrinnen, die Gott von uns haben will. Ein solcher Versuch beläßt das Ich im Mittelpunkt unseres Lebens. Er nährt genau die Krankheit, die er zu heilen sucht, ein von Gott unabhängiges Ich, das ohne ihn sich selbst genügt. Er fördert eine Persönlichkeitsbildung, die nicht in Gott gründet, sondern im Ich. Ein solcher Götzendienst – ob er nun in heidnischer oder religiöser Form ausgeführt wird – ist keine Antwort auf die Frage des Ich. Er hätschelt nur unsere kindische Ich-Verliebtheit und hält uns von einem wahren Reiferwerden in Christus fern.

SELBSTHINGABE

Jedes falsche und unreife Verständnis des Ichs und der Selbsthingabe macht aus uns Menschen, die sich selbst genug sind, die selbstgerecht und eigenwillig sind und nur ihre eigene Ehre suchen. Wir sind dann im tiefsten Grunde nicht ausgelieferte Leute. Viele Christen nehmen Gottes Herrschaftsanspruch in jedem anderen Lebensbereich an, nur nicht in dem, wo es um unser Innenleben geht. Das geht oft so fein vor sich, daß nur der Heilige Geist den Irrtum aufdecken kann. Ein solcher Mensch kann durchaus bereit sein, für Gott zu arbeiten, zu beten und Zeugnis abzulegen. Ja, er kann sogar bereit sein, mit Menschen- und Engelszungen zu predigen, alles dranzugeben, um die Armen zu speisen, und sogar seinen Leib brennen lassen und als Märtyrer für seinen Glauben zu sterben. Das nicht ausgelieferte Ich nimmt vieles auf sich, um seine Entthronung zu verhindern. Es erhebt sich zu Höhen hingegebenen Dienens. Ich habe miterlebt, wie Missionare Tausende von Kilometern gereist sind, unmögliche Strapazen auf sich nahmen, aber nicht bereit waren, den letzten Schritt zu gehen, der zur Hingabe ihres Ichs erforderlich war. Dieser letzte Schritt führt uns unter das Kreuz Jesu Christi. Paulus sagt, daß das die Stelle ist, an der wir zur Gleichheit seines Todes mit Christus vereinigt wurden, als er starb... »denn unser alter Mensch ist mit ihm gekreuzigt« (Röm. 6,5-6). Wir werden uns das im nächsten Kapitel noch genauer ansehen.

Erst dann, wenn ich mich Gott ausliefere, wenn ich ihn zum Mittelpunkt meines Lebens mache, wenn ich mich seiner Macht unterstelle, wenn ich mich mit seiner Liebe erfüllen lasse, kann ich ihn mit meiner ganzen Persönlichkeit lieben. Erst dann besitze ich die wahre Selbstachtung und die Liebe zu mir selbst, die mich befähigt, andere zu lieben, und erst dann kann das eigentliche Ich gepflegt, angenommen, ins Alltagsleben umgesetzt und bis zur Fülle seiner Möglichkeiten entwickelt werden. Wenn Gott so in meinem Leben ist, kann ich erst so recht der sein, der ich bin. »Ich muß ich sein«, heißt es in einem Lied. Ganz gewiß! Aber ich kann nicht ich sein, bis Gott nicht bei mir so recht er ist. Wenn Gott der Mittelpunkt ist, dann kann ich mich so lieben, wie ich bin, weil mein Ich den Mittelpunkt gefunden hat, von dem aus es handeln kann.

Ich kann nur über diejenigen Philosophen und Psychologen lachen, die sagen, daß die christliche Auffassung von Selbsthingabe das Ich zerstört, daß sie unsere Männlichkeit oder unser Dasein als Frau beeinträchtigt, daß sie die Entwicklung der Persönlichkeit behindert und daß sie den Menschen davon abhält, das Beste aus sich zu machen. Je tiefer ich zu den Füßen Jesu niederknie, desto höher wächst meine eigene unverwechselbare Persönlichkeit. Erst wenn ich als Sklave an den Herrn Jesus gekettet bin, werde ich frei und kann mich so lieben, wie ich bin. Mein Ich ist dann befreit von dem Streben, jemand zu sein, der ich gar nicht bin und als der ich auch nie gedacht war. »Ich lebe aber«, sagt Paulus, »doch nicht ich». Ich bin weder zerstört noch ausgelöscht. Ich lebe; ja, was noch besser ist, Christus lebt jetzt in mir. Das Leben, das ich lebe, ist eigentlich sein Leben, das er in mir und durch mich lebt.

Viele Gläubige meinen, daß die Selbsthingabe an Christus sie vernichten wird. Warum meinen sie das? Weil sie falsche, unreife und sogar unchristliche Vorstellungen von dem haben, was Selbsthingabe ist. Vorstellungen, die Furcht und Zaudern mit sich bringen, die sie von dem abhalten, was einem die größte Freude und Erfüllung bringt, nämlich die völlige Hingabe an Christus.

Eines Abends hielt ich eine Predigt über das Thema »Bedingungslose Hingabe«. Ein junger Mann kam im Laufe der Woche zu mir ins Seelsorgezimmer und sagte: »Herr Pfarrer, genau das brauche ich, aber ich habe Angst.« Er war ein Hüne von Gestalt und hatte eine besondere Begabung für Geräteturnen. Ich werde nie vergessen, wie er die Sache veranschaulichte: »Ich muß mich dem Herrn ausliefern; ich möchte das gerne, aber ich habe Angst. Ich will Ihnen sagen, wie mir das vorkommt. Es ist so, als sei ich in der Turnhalle und greife nach dem Trapez, das plötzlich so hoch gezogen wird, daß es fast an die Decke reicht. In Todesangst klammere ich mich fest. Doch der Heilige Geist sagt zu mir: ›Laß los, liefere dich dem Herrn aus. Laß los!‹ Wie und wo aber werde ich landen?«

Er schaute mir gerade ins Auge und fuhr fort: »Ich habe nur den einen Wunsch, daß Gott mit zeigt, wo ich landen werde.«

Ich erwiderte: »Darum geht es ja gerade. Die rechte Selbsthingabe ist die, daß man das Anrecht auf sich selbst aufgibt. Das heißt, daß man das Recht aufgibt zu fragen, wo man landen wird. Doch du brauchst dir gar keine Sorgen zu machen, weil du in den Armen der Liebe landen wirst.«

Aber der junge Mann hatte weiter Angst und zauderte. Obwohl er mehrmals zu mir kam und wir miteinander beteten, ließ er nie richtig los. Er machte seine Abschlußprüfung, und ich sah ihn einige Jahre nicht mehr. Es war in einem Herbst, als er dann zu einem Ehemaligentreffen nach meiner Heimatstadt Wilsnore zurückkehrte. Am Sonntagmorgen war die Kirche voller Gäste.

Plötzlich erkannte ich ihn. Sein Gesicht strahlte vor Freude. Nach der Predigt schüttelte er mir herzlich die Hand und sagte: »Herr Pfarrer, ich möchte Ihnen nur das Eine sagen: Ich habe losgelassen, ich habe losgelassen!« Er hatte erfahren, daß er sich gar nicht zu fürchten brauchte. Er konnte loslassen, weil er in den Armen der vollkommenen Liebe landete.

»Wenn wir aber samt ihm gepflanzt werden zu gleichem Tod, so werden wir auch seiner Auferstehung gleich sein, dieweil wir wissen, daß unser alter Mensch samt ihm gekreuzigt ist, auf daß der sündliche Leib aufhöre, daß wir hinfort der Sünde nicht dienen. Denn wer gestorben ist, der ist gerechtfertigt von der Sünde. Sind wir aber mit Christo gestorben, so glauben wir, daß wir auch mit ihm leben werden, und wissen, daß Christus, von den Toten erweckt, hinfort nicht stirbt; der Tod wird hinfort über ihn nicht herrschen. Denn was er gestorben ist, das ist er der Sünde gestorben zu einem Mal; was er aber lebet, das lebt er Gott. Also auch ihr, haltet euch dafür, daß ihr der Sünde gestorben seid und lebet Gott in Christo Jesu, unserem Herrn.«

(Römer 6,5-11)

Kapitel 11

Die endgültige Lebenskrise

Das Wort »endgültig« bedeutet, daß es sich um etwas handelt, über das hinaus es nichts Wichtigeres und Entscheidenderes gibt. Die Selbsthingabe ist die endgültige Lebenskrise.

DER ENDGÜLTIGE GEISTLICHE KAMPF

Die Selbsthingabe ist die endgültige Krise, weil sie den endgültigen geistlichen Kampf darstellt. Alles andere, was im Glaubensleben vor sich geht, ist nur ein Vorspiel dazu. Es ist das Werk der vorlaufenden und der werbenden Gnade, das der Heilige Geist tut, indem er den Weg für diese großartige Begegnung zwischen Gott und Mensch freimacht.

Die Selbsthingabe beginnt bei unserer Veranlagung, in der Familie mit all ihren Einflüssen, in der Überführung von unseren Sünden, in dem heißen Ringen mit der Schuld, in dem schmerzvollen Versuch, Gottes Wohlgefallen dadurch zu erlangen, daß man versucht, es besser zu machen und besser zu werden, daß man diese oder jene Sünde abhakt und sich sogar geistliche Verhaltensweisen auferlegt.

Dann kommt das Bewußtsein, daß wir gänzlich von der Gnade abhängig sind. Als nächstes folgt die freudige Entdeckung, daß wir unseren moralischen Hausputz gar nicht zu erledigen brauchen, bevor wir zu Gott kommen, sondern daß wir so kommen dürfen, wie wir sind, daß wir seine volle, freie und unbedingte Vergebung empfangen dürfen und daß wir das frohmachende Erlebnis der Bekehrung durchleben und zu einer neuen Schöpfung werden.

Darauf folgt dann das Wachstum in der Gnade und die Höhen und Tiefen des Glaubenslebens, in dem man im Geist angefangen hat, aber wieder auf den Weg des Gesetzes zurückfällt. Es beginnt der verzweifelte Versuch, Gott zu gefallen, der Versuch, all das auszuleben, was er von uns verlangt, oft mit der falschen Vorstellung heilig werden zu können, wenn wir ein heiliges Gesetz befolgen. Und bei jedem der Schritte auf diesem Weg arbeitet der Heilige Geist an uns in den seelischen Verklemmungen, von denen wir gesprochen haben, und hilft uns, abzulegen, was kindisch ist, und immer mehr heranzureifen.

Alle diese wichtigen Schritte sind die Wachstumsschmerzen, durch die Gott seine lieben Kinder hindurchführt, bis wir schließlich sehen, worin die eigentliche Herausforderung besteht. Bis zu diesem Punkt sind es alles nur geringfügige Scharmützel gewesen im Vergleich mit der endgültigen Schlacht, zu der wir in Liebe, aber ganz fest, ganz rückhaltlos, mit werbender Stimme geführt werden. Der Heilige Geist bringt uns dahin, daß wir erkennen, es geht eigentlich nur darum, unser Ich der Herrschaft des Herrn Jesus Christus zu unterstellen. Wenn uns der Heilige Geist so führt, manchmal sanft, manchmal recht rauh, aber immer voll Liebe, erkennen wir, daß er uns zu einer Schädelstätte geführt hat, die wir Golgatha nennen. Doch am Kreuz findet dann die Kreuzigung der Selbstverherrlichung meines Ichs statt. Und das ist in jedem Leben die größte Schlacht.

Jesus sagte es deutlich, daß keiner, der nicht allem absagt, was er hat, sein Jünger werden kann: »Wer nicht sein Kreuz nimmt und mir nachfolgt, der kann nicht mein Jünger sein« (Luk. 14,27). Die Worte, die wir besonders berücksichtigen sollen, lauten: »Folget mir nach!« Und meiner Meinung nach ist das ein viel weitreichenderer Ruf zur Hingabe und zur Auslieferung als der erste Ruf Jesu: »Kommet her zu mir!«

»Kommet her zu mir« das ist der erste Schritt. Wenn die Jünger dann zu Jesus gekommen sind, haben sie es dann schwerer? Manche Führer sagen zu ihren Anhängern: »Ich werde nur sehr wenig von euch verlangen.« Jesus aber sagte so etwas nie. Er trägt uns auf, die Kosten zu überschlagen. Er stellt stets stärkere Anforderungen; er schraubt den Preis höher; er sichtet und siebt aus. So lichten sich ihre Reihen.

Der Heilige Geist führt uns durch eine solche Zurschaustellung unseres eigenen Ichs hindurch, damit wir erkennen, worauf es eigentlich ankommt. Denn unsere eigentliche Sünde liegt viel tiefer als die täglichen Sünden, durch die sie sich äußert, sie liegt tiefer als die Schwächen und Verklemmungen, die uns für bestimmte Sünden anfällig machen. Die eigentliche Sünde ist das Nichtausgeglichensein unseres Ichs. Das ist die Ursünde; die Sünden sind deren Auswüchse, die bitteren Früchte.

Diese Ursünde ist so fein, sie ist für das bloße Auge so unerkennbar, daß nur der Heilige Geist durch das Wort Gottes, welches das scharfe, zweischneidige Schwert ist, das bis in die tiefsten Tiefen dringt, uns dahin bringen kann, wo wir den endgültigen Kampf durchstehen müssen, gekreuzigt zu werden und das Sich-um-sich-selbst-drehen in den Tod zu geben.

»Ich bin mit Christus gekreuzigt: ich lebe aber, doch nun nicht ich, sondern Christus lebt in mir.« Galater 2,20 ist der Vers im Neuen Testament, der am meisten auf die Auslieferung des Ichs hinweist. Aber ist es nicht merkwürdig, daß es gleichzeitig der Vers ist, in dem das Ich am stärksten hervorgehoben ist? Ist es uns schon aufgegangen, daß in diesem kleinen Zeugnis vier persönliche Fürwörter vorkommen? Es ist sowohl ganz frei vom Ich als auch ganz erfüllt davon. Ist das verwirrend? Ist das ein Widerspruch? Nein, es ist das große Paradoxon, das dem Leben aus dem Glauben zugrundeliegt und das wir verstehen müssen, wenn wir ein wirklich gereiftes Glaubensleben führen wollen.

Wir müssen uns darüber klar werden, daß das »Ego« drei Seiten hat. Die Schwierigkeit besteht darin, daß wir mit diesem persönlichen Fürwort »ich« alle diese drei Seiten bezeichnen. »Ich bin mit Christus gekreuzigt«, das ist die eine Seite des Ego. Es muß durch die Kreuzigung in den Tod gegeben werden. »Ich lebe aber«, das ist offensichtlich eine andere Seite des Ego. Es ist das Persönlichkeitsmerkmal, das die Kreuzigung des Ichs überlebt, ein Persönlichkeitsmerkmal, das unzerstörbar und ewig ist. Es ist dem Herrn Jesus gar nicht daran gelegen, es zu kreuzigen oder zu vernichten; es geht ihm vielmehr darum, es zu befreien und zu seiner Fülle und Höchstform zu entwickeln. Dieses unzerstörbare, unvergängliche Ego wird noch in einer Milliarde von Jahren im Himmel weiterleben. Gott möchte, daß es auf ewig in Gemeinschaft mit ihm lebt! »Doch«, so sagt Paulus weiter, »nicht ich, sondern Christus lebt in mir.« Da liegt die Antwort: es geht um das von Jesus erfüllte, um das von Jesus in Beschlag genommene Ego, bei dem er im Mittelpunkt steht. Die erste Seite des Ego ist seine gefallene, kränkelnde, verdrehte und verzerrte Seite. Sie dreht sich stets um sich selbst und bringt ihren Willen zur Geltung. Sie verhindert es, daß mein eigentliches Wesen seine größten Entfaltungsmöglichkeiten hervorbringt und zu dem wird, was es nach Gottes Plan sein soll. Diese Seite des Ego mit ihrer bösartigen Selbstverherrlichung und Selbstzufriedenheit muß sterben. Die Kreuzigung des Ichs ist für jeden einzelnen der letzte Kampfplatz, weil es die letztgültige Schlacht ist.

Vielleicht dauert es lange, bis man auf der Reise von der Bekehrung zu dieser Selbsthingabe gelangt. Einer der Fehler in unserer Vorstellungswelt über die Heiligung ist der, daß wir die Menschen dazu auffordern, etwas zu tun, was psychologisch und gefühlsmäßig unmöglich ist, nämlich zu schnell von der Bekehrung zur Selbsthingabe zu gelangen. Gott muß anscheinend die meisten von uns erst eine Reihe von Schritten tun lassen, bis wir in einen Zustand völliger Verzweiflung geraten. Und das kann nur Gott für uns tun. Das kann kein Prediger und keine noch so umfassende seelische Manipulation. Man ist versucht, Neubekehrte so lange einem geistlichen Druck auszusetzen, bis sie sagen: »Ja, jetzt hab ich's.« Wenn wir aber so handeln, machen wir sie zu geistlichen Schauspielern. Nicht jedermann ist zur selben Zeit für die Botschaft von der Selbsthingabe offen. Wir müssen die Menschen in der Hand des Geistes lassen, der sie auf die endgültige Krise vorbereitet.

Ich habe vier Jahre gebraucht, um »von hier nach dort« zu kommen. Auf dem Kampfplatz meines Glaubenslebens, auf dem der Heilige Geist mich immer tiefer führte, lieferte ich viele Bindungen, viele Beziehungen und viele Wünsche aus. Ich wurde von vielen Verklemmungen und gestörten Gefühlen geheilt. Ich folgte dem Ruf in die Reichsgottesarbeit und aufs Missionsfeld. Aber ich hielt an mir selbst fest, bis der Geist Gottes mir in seinem Gnadenwerk hauptsächlich durch das Lesen des Buches von Oswald Chambers »Mein Äußerstes für sein Höchstes« die Binde von den Augen nahm.

Die Selbsthingabe ist die endgültige Krise, weil sie die letzte Schlacht ist. Es gibt viele verschiedene Ausdrucksweisen, die einem dabei hilfreich sein können. Man kann sich sein Herz wie ein Haus mit vielen Räumen vorstellen. Die Hingabe ist ein Vorgang, bei dem man einen Raum nach dem anderen an Christus ausliefert, jedes Stück unserer Persönlichkeit, vor allem den Kontrollraum, den Thronsaal, das Herrschaftszimmer. Oder wir stellen uns die verschiedenen Gebiete des Lebens vor, in denen man sich Gottes Willen unterstellen muß – unsere Pläne, unsere Wünsche, unser Geschlechtsleben, unsere Gefühlswelt, unsere Ehe, unsere Freizeit und unsere Berufswahl. Oder wir stellen uns unser eigenes Bild von uns selbst vor Augen und das, was wir meinen, andere von uns, von unserem Namen, von unserer Leistung und unserem guten Ruf als gläubige Christen halten. Darum ging es insbesondere bei meinem geistlichen Kampf. Ich wollte nämlich, daß die Leute mich für »geistlich« hielten. Ich hatte gar kein großes Interesse an weltlichen Dingen. Deshalb fiel es mir gar nicht schwer, sie aufzugeben. Aber ich wollte unbedingt, daß die Leute mich für geistlich hielten. Das war dann ein harter Kampf. Ich mußte meinen guten Ruf als gläubiger Christ an Jesus ausliefern.

Was war nun der erste Schritt in der *kenosis,* das heißt der Selbstentäußerung und der Hingabe des Ichs an Jesus? Er, »ob er wohl in göttlicher Gestalt war, hielt es nicht für einen Raub, Gott gleich zu sein und entäußerte sich selbst« (Phil. 2,6-7). Er entäußerte sich. Das war der erste Schritt. Haben wir schon jemals unseren guten Ruf als gläubige Christen an Jesus ausgeliefert? Wir leben in solcher Abhängigkeit von anderen, weil wir möchten, daß sie uns für geistlich halten. Das führt zu Neurosen im Glaubensleben, zur Selbstbetrachtung und zur Sklaverei. Manche beschreiben die Selbsthingabe fälschlich folgendermaßen: Man nehme ein leeres Blatt Papier und schreibe darauf eine lange Liste von Dingen, die uns fehlen. »Herr, gib mir dies, gib mir das, gib mir jenes!« Es sieht aus wie ein Einkaufszettel. Dann unterschreiben wir es, reichen es Gott hin.

Aber darum geht es bei der Hingabe gar nicht, und deshalb wollen wir noch einmal von neuem anfangen. Jetzt nehmen wir das leere Blatt Papier und unterschreiben unten. Dann reichen wir es an Gott weiter und sagen: »Herr, fülle du es aus! Und was du auch immer einsetzt, meine Unterschrift bleibt für immer darunter.«

Die Selbsthingabe ist die letztendliche Krise, weil sie die allumfassende Krise ist. Dr. Henry Clay Morrison pflegte das in seiner ganz praktischen Art so auszudrücken: »Wenn wir zum Altar gehen, um dem Herrn unser Leben zu weihen, bringen wir zwei Bündel mit: das eine Bündel ist das »Bekannte« aus unserem Leben und das andere ist das »Unbekannte«. Beides müssen wir dem Herrn auf den Altar legen.«

Das richtet viel Verwirrung und Angst an, vor allem bei jungen Menschen. Die Selbsthingabe ist sowohl ein zeitlich begrenztes Geschehen als auch ein unaufhörlicher Vorgang. Wenn wir von der Selbsthingabe reden, dann sprechen wir von einer Unterwerfung unseres Willens unter die Herrschaft des Herrn Jesus. Das können wir jederzeit tun, vorausgesetzt wir sind dazu bereit.

Wenn der Heilige Geist uns dazu geführt hat, dann ist es unser Kairos – unsere Zeit. Und wenn es unsere Kairos-Zeit ist, dann ist es auch Gottes Zeit.

Wenn wir uns ausliefern, was geben wir dann hin? Wir liefern unseren Willen an den Herrn Jesus aus, ohne ihn aber zu verlieren. Wir sind auch dann noch Mensch mit einem Willen, der immer wieder in den Lebenssituationen gefordert wird. Das ist gerade das Verwirrende. Wir mögen uns völlig der Herrschaft des Herrn Jesus Christus ausgeliefert haben, um dann zwei Wochen später in einer Situation zu stehen, in der es zu einem Kampf zwischen unseren Gefühlsregungen und unserem Willen kommt. Und sofort packt uns der Satan und sagt: »Wieso das? Du hast dich doch neulich deinem Herrn ganz und gar ausgeliefert!« Wenn wir keine gereifte Persönlichkeit sind, fallen wir leicht auf diesen teuflischen Dreh herein.

Gott sagt zu den Kindern Israel: »Das ganze Land Kanaan gehört euch, aber ihr müßt es in Besitz nehmen. Es gehört euch unter der Bedingung, daß ihr eure Fußsohlen daraufsetzt.« (Josua 1,3).

Es muß zu einem täglichen Vollzug kommen, weil wir ja konkrete Dinge und Lagen nur dann ausliefern können, wenn wir in ihnen stehen.

Wenn wir die völlige Hingabe vollziehen, dann legen wir ein Versprechen ab: »Gott, mein Wille gehört dir«, was eigentlich soviel bedeutet: »Gott, wenn irgend etwas eintritt, dann will ich das erwählen, was du erwählst.« Eine völlige Hingabe macht aus uns also keine automatisch funktionierenden Wesen, die wie Roboter handeln.

Ich finde dafür keine anschaulichere Darstellung als das ungeheure Ringen Jesu im Garten Gethsemane. Die meisten betrachten dieses Ereignis nicht genau. Es war ein schreckliches Ringen. Worum ging es dabei überhaupt? Hatte Jesus denn nicht lange eine völlige Lebenshingabe vollzogen? Stimmte denn der Wille Jesu nicht völlig mit dem seines Vaters überein? Natürlich! Hatte er nicht sein ganzes Leben lang gesagt: »Meine Speise ist der Wille Gottes; mein Wille ist Gottes Wille; es ist meine Aufgabe, den Willen meines Vaters zu tun.«? Die völlige Hingabe Jesu an den Willen seines Vaters und seine Übereinstimmung damit steht völlig außer Frage. Im Garten Gethsemane fand dennoch ein heißes Ringen zwischen den Gefühlsregungen Jesu und seinem Willen statt. Jeder Christ, der sich dem Herrn ausgeliefert hat, weiß, was das bedeutet. Selbst gereifte Christen haben so etwas schon erlebt und erleben es vielleicht morgen wieder.

Ich finde es aufschlußreich, daß Jesus das Ringen mit seinen Gefühlen ohne jedes Schamgefühl zum Ausdruck brachte! Und die Verfasser des Neuen Testaments geben sich gar keine Mühe, das zu verheimlichen oder herunterzuspielen. Wir wollen daher jungen Menschen gegenüber gar nicht den falschen Anschein erwecken, daß die Hingabe etwas ist, das ein für allemal geschieht. Es mag sein, daß wir unsere Pläne ein für allemal dem Herrn hingelegt haben. Es mag sein, daß wir sagen: »Nicht mein, sondern dein Wille geschehe!« und das für den Rest unseres Lebens auch so meinen. Aber es dauert ein ganzes Leben lang, um das in die Tat umzusetzen, um das in konkreten Situationen zur Wirklichkeit werden zu lassen. Wenn man in einem geisterfüllten Leben heranreift, fällt einem das immer leichter. Wir würden alle vernünftiger, sicherer, schöner und wirkungsvoller leben, wenn wir ehrlich vor uns und Gott zugeben könnten, daß wir, wie Jesus, manchmal ein schweres Ringen zwischen unseren Gefühlsregungen und unserem Willen durchmachen.

Eine junge Dame, die zu mir in die Seelsorge kam, war bis über beide Ohren verliebt. Aber es wurde ihr immer klarer, daß der junge Mann nicht der Richtige für sie war, weil echte Glaubensspannungen aufgetreten waren, die sie für unüberwindlich hielt. Deshalb schrieb sie ihm einen Brief, sie sprachen sich aus und dann brach sie die Verbindung ab. Einige Tage später kam sie tränenüberströmt, niedergeschlagen und ganz außer Fassung zu mir. Was war passiert? Nun, sie hatte einige wohlmeinende Freundinnen, die ihr versicherten, daß bei ihr etwas im Glaubensleben nicht stimmen könne, sonst hätte sie keine solchen inneren Kämpfe. Sie weinte viel, konnte nicht arbeiten und sich nicht auf ihr Studium konzentrieren. Sie wußte, daß sie recht gehandelt hatte, und hatte nicht die leiseste Absicht, ihre Entscheidung rückgängig zu machen. Doch ihre Gefühle bereiteten ihr große Not. Anstatt ihr zu helfen, ihre Last zu tragen, hatten ihre wohlmeinenden, aber falsch unterrichteten Freundinnen ihrem schon überbelasteten Herzen eine weitere Verschuldung auferlegt. Ich sagte zu ihr: »Liebe Frau, natürlich dürfen Sie weinen. Natürlich fühlen Sie sich hundeelend. Natürlich gehen Sie durch Kämpfe. Aber sagen sie mir, worauf ist Ihr Wille ausgerichtet?« Sie antwortete sogleich: »Daran hat sich nichts geändert, weil ich weiß, was ich zu tun habe.« Wir schlugen das Neue Testament auf und lasen gemeinsam die Geschichte des Ringens Jesu im Garten Gethsemane. Da merkte sie, worauf es ankam. Ihre Auslieferung an den Willen Gottes war stark und standhaft, doch ihr Gefühlsleben war angeschlagen und brachte sie in Not. Jemand hat einmal ganz richtig gesagt: »Unser Wille mag mit dem Schnellzug fahren, aber unser Gefühlsleben reist manchmal mit dem Personenzug.«

Wenn ich in innere Schwierigkeiten gerate, dann ist es das Beste, wenn ich meine Gefühle in rücksichtsloser Ehrlichkeit vor Gott bringe und ihm sage, wie es eigentlich um mich bestellt ist. Dann bestätige ich aufs neue vor dem Herrn, daß ich mich ihm vor vielen Jahren völlig ausgeliefert habe und wende es dann auf diese besondere Lage an.

Wir können unseren Willen ausliefern. Wir können jetzt die völlige Hingabe vollziehen, wenn er uns dazu bereitgemacht hat. Das ist der große Kampf und die große Krise. Aber das ist nicht das Ende. Es ist vielmehr ein offenes Ende, mit dem wir den lebenslangen Vorgang der besonderen Hingabe an den Herrn einleiten.

DAS WICHTIGSTE GEHEIMNIS IM LEBEN

Die Selbsthingabe ist die letztgültige Krise, weil sie das wichtigste Geheimnis im Leben selbst ist. Sie ist das Mittel, mein eigentliches Ich zu finden, das zu werden, was Gott aus mir machen will, meine persönliche Einmaligkeit zu entdecken. Die Selbsthingabe ist der Tod, auf den die Auferstehung folgt. Sie ist eigentlich ein Widerspruch in sich, denn wenn man sein Leben verliert, wird man es erhalten; wenn man aber versucht, es zu erhalten, wird man es verlieren. Eine neuere Übersetzung übersetzt Markus 8,34-37 folgendermaßen: »Jeder, der mein Nachfolger sein möchte, muß sein Ich dahinten lassen; er muß sein Kreuz auf sich nehmen und mit mir mitkommen... Was gewinnt ein Mensch dadurch, daß er die ganze Welt auf Kosten seines eigentlichen Ichs gewinnt? Was kann er geben, um dieses Ich zurückzukaufen?«

Wir geben unser selbstbezogenes und verdrehtes Ich auf und finden dadurch unser eigentliches Ich. Gott bezweckt mit der Hingabe des Ichs nicht dessen Vernichtung; es ist die Geburt und das Heranwachsen des eigentlichen Ichs, zu dem er uns machen will.

In seinem Buch: »Wie wir das Glück finden können« gibt Sam Shoemaker folgendes Zeugnis: »Ich erinnere mich noch gut an eine Zeit in meinem Leben, und zwar lange nach meinem ersten entscheidenden geistlichen Erlebnis, als ich mich der Notwendigkeit gegenübergestellt sah, einen weiteren großen Schritt nach vorn zu tun. Ich konnte fast sehen, wie mein Ich unter den erstikkenden Auswirkungen einer ehrlichen Schau meiner eigenen Fehler in sich zusammenschrumpfte, und ich fragte mich, ob ich nicht wie ein Licht erlöschen würde, wenn das so weiterginge. Aber das war gar nicht der Fall. Als ich mich tief im Inneren meines Wesens losließ, fand mein eigentliches »Ich« eine Erfüllung und einen Ausdruck wie nie zuvor. Ich erkannte, daß das ganze Widerstreben und die Eigenwilligkeit nur eine Schutzmaßnahme des Ego ist, das das eigentliche Ich nicht ans Tageslicht kommen und die Oberhand gewinnen lassen will. Diese Furcht vor dem Aufgeben, vor dem Nachgeben ist eine Erfindung des Ego. Schon Fenelon hat gesagt: »Wenn wir aufmerksam in uns schauen, würden wir einen geheimen Ort finden, an dem wir das verstecken, von dem wir meinen, daß wir es Gott nicht auszuliefern brauchen. Aber bevor dieses falsche Ego nicht stirbt, kann das eigentliche Ich nicht leben. Und der Tod eines Egos ist die allergrößte aller menschlichen Krisen.«

Die Selbsthingabe ist die letztgültige Krise, weil sie die Antwort auf das Leben ist. Das Ich stirbt, damit es richtig leben kann. Das gefangene Ich liefert sich aus, nicht um zerstört, vernichtet oder aufgesogen, sondern um befreit zu werden, um zum eigentlichen und allerbesten Ich zu werden.

»Siehe, ich mache alles neu.« *(Offenbarung 21,5)*

Kapitel 12

Die erneuernde Gnade

In den vorhergehenden Kapiteln haben wir uns damit beschäftigt, daß sich das Kind in uns aus der Vergangenheit auf viele verschiedene Arten kundtut und in unser Erwachsenendasein hineinwirkt. Wir haben gesehen, daß der Vorgang des Erwachsenwerdens es erforderlich macht, das Kind in mehreren Lebensbereichen zu *katargein.* Es gibt starke Erinnerungen aus unserer Kindheit und Jugendzeit, die der Heilung bedürfen. Es gibt so manche schlaue, kindische Versteckspiele und so manche kindische Schutzmaßnahmen, die alle aufgedeckt werden müssen. Es gibt ungesunde kindische Komplexe und Zwänge, die zerbrochen werden müssen. Es gibt wirklichkeitsfremde Leitsätze, deren diktatorische Gewalt über uns in die Schranken verwiesen werden muß. Es gibt ungehörige Gefühle, die im Zaum gehalten werden müssen, und gefesselte Gefühle, die befreit werden müssen. Es gibt Kleinkinderlügen, die getadelt werden müssen, es gibt säuglingshafte Verworrenheiten, die der Klärung bedürfen, und es gibt naive Vorstellungen, die geradegebogen werden müssen.

Dieses Vorgehen erfordert unsere Anstrengungen. In dem Maß, wie wir die negativen Verhaltensweisen *katargein,* haben wir dafür Sorge zu tragen, daß gereifte, positive Gefühle, Auffassungen, Vorstellungen und Handlungen deren Stelle einnehmen. Daher erfordert dieser Vorgang unser ganzes Dasein in jeder Weise der Persönlichkeitsbildung – unsere Gedankenwelt, unseren Willen und unser gesamtes Verhalten. Es erfordert ein Heranwachsen in unseren persönlichen Bezugsverhältnissen – zu uns selbst, zu anderen und zu Gott.

Die meisten von uns werden mir Recht geben, wenn ich sage, das größte Problem in unserem Leben sind wir selbst. Jemand hat einmal gesagt: »Die Not bei mir ist die, daß überall dort, wo ich hingehe, auch ich hingehe, und das verdirbt einem alles!«

Ein kleiner Junge kam eines Tages von der Schule nach Hause und fragte seine Mutter: »Mama, wie fangen eigentlich Kriege an?« Sie antwortete: »Nun, wenn du vom letzten Krieg sprichst, der fing an, als Deutschland Belgien angriff.« Der Vater, der bis dahin in die Abendzeitung vertieft gewesen war, hob seinen Kopf und sagte: »Nein, mein Junge, es war nicht Belgien; es fing damit an, daß Deutschland Polen angriff.« Aber die Mutter bestand darauf: »Nein, ich bin mir ganz sicher, daß ich mich recht erinnere; es war Belgien.«

»Was verstehst du denn schon davon?« verbesserte sie der Vater, »du warst ja gar nicht auf der höheren Schule. Aber ich bin zur höheren Schule gegangen, und wir hatten da Weltgeschichte. Ich sage dir, der Krieg fing an, als die Deutschen Polen angriffen.« Es dauerte gar nicht lange, und beide Eltern stritten sich heftig; bald brüllten sie sich gegenseitig an. Da zupfte der kleine Junge seine Mutter, sie aber herrschte ihn an: »Was willst du denn?« Er sagte: »Das reicht mir schon, Mama. Ich glaube, ich weiß jetzt, wie Kriege beginnen.«

Aus dem versteckten Kind, das wir alle in uns tragen, kann ein unglaublich unreifes Verhalten hervorgehen. So vieles von dem, was wir sind, liegt in den frühen Entwicklungsphasen unseres Lebens begründet. Dabei verleugnen wir keineswegs die biblische Tatsache der Erbsünde und des Gefallenseins unseres Wesens. Auch verkleinern wir unsere eigenen Sünden nicht, wobei wir »jeder auf seinen Weg sahen« (Jes. 53,6). Aber wir sollten uns daran erinnern, daß ein ungeheures Spektrum von kindischen Dingen diesen ganzen Bereich noch weiter kompliziert. Diese Dinge könnte man als Schwächen und Behinderungen einordnen – Schwächen, die uns für bestimmte Arten von Versuchungen empfänglicher machen.

VERANTWORTLICHKEIT

Vor einigen Jahren fiel mir eine Zeitungsanzeige in die Augen, in der behauptet wurde, daß ein bestimmter Rasendünger das Gras dicker und gesünder wachsen ließe. Sie lautete:

»Die Triebe wachsen nach unten, bevor sie nach oben wachsen, und was sie vorfinden, um sich darin verwurzeln zu können, bestimmt, wie sie heranwachsen.« Unser Erwachsenenleben ist tief verwurzelt in den Jahren unserer Kindheit und Jugendzeit und wird davon bis ins Tiefste beeinflußt. Ein Zeitungsartikel über einen berühmten Universitätssportler hat mich einmal stark beeindruckt, in dem folgendes hervorgehoben wurde: »Man kann sagen, daß wir zu dem, was wir sind, nicht so sehr im Heiligtum des Mutterschoßes oder in den akademischen Gefilden werden, sondern in den Räumen der Grundschule. Dort wird unsere Persönlichkeit herangebildet, unser Körper gestählt, unsere Gewohnheiten, unsere Stimmungen, unsere Wertvorstellungen werden dort zum Einsatz vorbereitet. Diese Schulzeit bleibt in unserer Erinnerung haften... Niemand kommt mehr davon los.«

Gott sei Dank ist diese Schlußfolgerung nicht zutreffend. Wir können von den Narben, den Schäden und den Lügen unserer Jugendjahre errettet werden. Gott sei Dank kann seine erlösende Gnade die Ketten unserer sündigen Vergangenheit sprengen, und seine erneuernde Gnade kann die Zwänge unserer falsch programmierten Vergangenheit auflösen.

Ich hörte einmal ein schönes Zeugnis von einem Menschen, der sich bei einer Gefängnisevangelisation im Süden unseres Landes bekehrt hatte. Er war ein Hüne und trug seinen Arm in einer Schlinge. Man erzählte sich von ihm, daß er im Gefängnis als einer der Schlägertypen bekannt gewesen war. Er nahm am ersten Abend der Evangelisation Jesus als seinen Heiland an. Einige Tage später sagte er: »In mir geht irgend etwas vor sich. Ich verstehe es eigentlich nicht, und ich kann es bestimmt nicht erklären. Ich bin heute früh aufgewacht und habe nicht geschrien und alles in Aufruhr versetzt, wie ich es sonst tue. Sogar meine Mitgefangenen haben ihre Bemerkungen darüber gemacht. Ich kann es nur so beschreiben, daß einer das alte Tonband weggenommen hat, das seit meiner Kindheit in meinem Kopf abgelaufen ist, und ein neues Tonband aufgelegt hat, das jetzt eine neue Redeweise und eine neue Musik abspielt.«

Für einen so ungebildeten Menschen war das eine erstaunliche Einsicht. Er begann schon den Vorgang der Erneuerung und Wiederherstellung zu erleben. Etwas später entdeckte er eine weitere wichtige Tatsache und fügte hinzu: »Ich muß aber daran weiterarbeiten und darauf achten, daß die richtigen Tonbänder ablaufen.« Er hatte seine Verantwortung erkannt. Damit uns ja niemand mißversteht – wir decken die Schäden aus der Vergangenheit nicht deshalb auf, um jemand anderem die Schuld in die Schuhe zu schieben. Wir wollen vielmehr unsere Einsichten klar herausstellen und das schildern, worum es eigentlich geht, so daß wir unsere Gebete und unsere Bemühungen an der richtigen Stelle einsetzen können.

Es ist manchmal erstaunlich, wie weit die Menschen gehen können, um sich vor ihrer eigenen Verantwortung zu drücken. Im März 1978 strebte einmal ein Mann aus Colorado einen Prozeß gegen seine Mutter und seinen Vater an, weil sie »ihren elterlichen Verpflichtungen nicht nachgekommen seien.« Er verklagte sie auf eine Schadensersatzzahlung von 300.000 Dollar, weil sie »sein Leben versaut hätten.« Er machte dabei geltend, sie hätten absichtlich ihre Pflichten als Eltern sträflich vernachlässigt und ihn zu dem gemacht, was er war. Der Richter ließ die Anklage fallen und sagte, daß die elterlichen Verpflichtungen eine »vom Gestz erforderte Einschränkung« erhalten müßten und es eine Zeit geben müsse, in der ein Erwachsener Verantwortung für sein eigenes Verhalten übernimmt. Gäbe es das nicht, kämen als nächstes Prozesse gegen die Geschwister, gegen die Lehrer und sogar gegen die eigenen Freunde.

Jesus brachte es erstaunlich gut fertig, allen Entschuldigungen und allen Versuchen, dem anderen die Schuld in die Schuhe zu schieben, einen Riegel vorzuschieben. Er konfrontierte die Menschen stets mit ihrer eigenen Verantwortung. Wenn wir alle ehrlich wären, würden wir zugeben, daß die Schwierigkeit eigentlich in uns selbst verwurzelt ist. So wie die Finger und der Daumen in der Handfläche verwurzelt sind, sind unsere Probleme in unserem Wesen verwurzelt. Und dieses unser Wesen braucht dreierlei geistliche Erfahrungen, um gesund zu werden: Vergebung, Heilung und Hingabe.

DAS ICH ERLANGT VERGEBUNG

Wenn ein Flugzeug verunglückt, wird dem »kleinen schwarzen Kasten« die größte Aufmerksamkeit geschenkt. Es handelt sich dabei um die stoßsichere, feuersichere und wassersichere Stahlschachtel, die eine Aufzeichnung alles dessen enthält, was die Piloten kurz vor dem Unfall gesagt und getan haben. Wenn die mit der Untersuchung Beauftragten diesen Flugschreiber in die Hand bekommen, können sie genau feststellen, wer oder was an dem Unglück schuld war.

In gewissem Sinn hat Gott bei jedem von uns so etwas wie einen Flugschreiber eingebaut. Unser Gedächtnis enthält unauslöschliche Aufzeichnungen all dessen, was wir gesagt und getan haben. Das Gewissen ist ein Teil davon – viele von uns plagen sich beständig mit einem Gefühl von ungelöster Schuld ab. Manchmal ist es eine Mischung aus echter Schuld und kindischer Pseudoschuld. In jedem Fall geht es uns wie dem Psalmisten, der sagt: »Meine Sünde ist immer vor mir.« Bemerken wir, daß er nicht sagt »war«. Er schreibt in der Gegenwartsform. Wir sagen, daß unsere Vergangenheit »daran schuld« ist, aber »schuld daran« ist eigentlich, daß die Vergangenheit gar nicht in der Vergangenheit liegt. Sie liegt in der Gegenwart, und wir tragen sie wie eine Kette um den Hals.

Wenn es stimmt, daß die Vergebung die beste Therapie ist, die man im Leben haben kann, dann ist die Schuld die allergrößte Zerstörung. Wir sind einfach nicht dafür erschaffen, deshalb versuchen wir automatisch, sie wieder gutzumachen, sie irgendwie loszuwerden. Oft schleppen wir sie in unserem Leib und unserem Geist mit herum, und sie verseucht unser ganzes Wesen. Oder wir stecken sie in einen Sack und laden ihn auf jemand anderem ab.

Es gibt nur eine Stelle, an der wir unsere Schuld loswerden und dann Vergebung finden können – auf dem Rücken des gekreuzigten Christus. In Jesaja 53 Vers 6 steht: »Wir gingen alle in die Irre wie Schafe. Wir sahen jeder auf seinen Weg. Aber der Herr warf alle unsere Ungerechtigkeit auf ihn.«

Und in 1. Petrus 2, Vers 24 finden wir: »Er trug unsere Sünden an seinem Leib auf das Kreuz.« Wir brauchen nicht länger unsere Schuld und unser Verdammungsurteil mit uns herumzuschleppen. Aber wir werden nicht eher von unseren kindischen Schuldgefühlen loskommen und zur Freiheit und zum Frieden durchdringen, bis wir unsere schuldbeladene und unvergebene Wesensart *katargein*.

Ich habe vieles über die Heilung der Erinnerungen geschrieben.

Vor kurzem kam mir plötzlich der Gedanke, daß Gott auch eine Heilung seiner eigenen Erinnerungen erlebt hat. In gewisser Weise beinhaltet das Kreuz das Geheimnis der Erinnerung Gottes. Es gibt verschiedene Stellen in der Schrift, daß Gott nicht mehr an unsere Sünden denkt. »Gedenke nicht der Sünden meiner Jugend und meiner Übertretungen« (Ps. 25,7a) und »Gedenke nicht unserer vorigen Missetaten« (Ps. 79,8). Corrie ten Boom macht in ihrer unnachahmlichen Art folgende Bemerkung über diese denkwürdige Tatsache: »Wenn Gott vergibt, dann vergißt er auch. Er versenkt unsere Sünden ins Meer und stellt am Ufer ein Schild auf: »Fischen verboten!«

Der hilfreichste Ausspruch, den ich je darüber gehört habe, stammt von einem jungen Mann, der sagte, jedesmal, wenn er anfing zu beten, er Gott ein bestimmtes Versagen aus seiner Vergangenheit vorgehalten hätte. Eines Tages, als er gerade im Begriff war, das wieder zu tun, war es ihm, als ob Gott ihm zuflüsterte: »Mein Sohn, jetzt reicht es mir aber. Erinnere mich nicht länger an diese Sünde. Ich erinnere mich genau, daß ich sie dir schon lange vergeben habe.«

Der erste Schritt zum Erwachsenwerden im Glauben ist der, daß man jede, auch die feinste Form der Bußübung und der Selbstverurteilung für schon vergebene und vergessene Sünden aufgibt. Das schuldige Ich muß zu dem Ich werden, dem Vergebung zuteil wurde.

DAS GEHEILTE ICH

Es gibt eine Redewendung, die wir oft verwenden, um auszudrücken, daß sich jemand falsch verhalten hat: »Das ist, als ob man einem Stier ein rotes Tuch vorhält.« Wenn ein Stier die rote Farbe sieht, wird er schrecklich wütend. Aus diesem Grund verwenden die spanischen Matadore beim Stierkampf rote Mäntel. Wenn der Stier rot sieht, senkt er automatisch den Kopf, stampft auf den Boden und greift an.

Unserer Wesensart nach sind wir ähnlich geartet, und man kann unsere kindischen Reaktionen so ansehen, als handele es sich um verschiedenfarbige Lebensflaggen. Jesus hat diese grundsätzliche

Verhaltensweise wohl durchschaut, und er warnt seine Jünger: »Wachet und betet, daß ihr nicht in Anfechtung fallet; der Geist ist willig, aber das Fleisch ist schwach« (Matth. 26,41).

Er wußte wohl, daß jeder Mensch seine eigenen Veranlagungen mitbringt. Diese Veranlagungen sind die einem Menschen eigene Flaggensammlung, die bestimmte Reaktionen auslösen, wenn sie vor ihm geschwenkt werden. Diese unbekehrten Komplexe und diese ungesunden Anstöße aus der Vergangenheit reißen den Menschen immer wieder zurück und ziehen ihn nach unten. Statt daß man Buße tut, die Bibel liest und betet, lassen die kindischen Reaktionen immer wieder die gleiche alte Platte ablaufen.

Als ich an einem Sonntag das Abendmahl austeilte, war die Teilnehmerzahl ungewöhnlich hoch und es schien viel länger zu dauern als üblich. Je länger es dauerte, desto unruhiger wurde ich. Ich wurde überängstlich und fing an zu schwitzen. Plötzlich sah ich mich so, wie ich wirklich war, und sagte: »Das ist ja völlig lächerlich. Hier stehe ich am Altar in der Kirche und rege mich auf, weil es ein paar Minuten später wird.« Dann sah ich etwas anderes. Ich sah mich als kleinen Jungen zusammen mit meiner Großmutter, die eine Pünktlichkeitsfanatikerin war. Sie war eine von denen, die eine Dreiviertelstunde früher am Bahnhof sein müssen, nur um den Zug pünktlich zu erreichen. Ich vermeinte fast zu hören, wie sie mich antrieb: »Mach schnell, David. Warum dauert das denn so lange? Eil dich, oder wir kommen zu spät!« Dann betete ich im Stillen: »Herr, befreie mich davon! Mir geht das doch immer so, wenn der Gottesdienst einmal ein paar Minuten länger dauert, und ich bin es leid, daß dieser aufgeregte kleine Junge mein Leben bestimmt!« Ich war danach viel entspannter und darf sagen, daß mich das seitdem nicht mehr belästigt hat. Bis dahin waren dichtgedrängte Termine für mich so, als schwenkte jemand vor mir eine rote Fahne. Ich reagierte mit überhasteter Ängstlichkeit. Wie steht das aber mit Ihnen?

a) *Rote Flagge des Unmuts.* Wenn ihr Mann, Ihre Frau, Ihr Kind oder ein(e) Freund(in) eine bestimmte Sache sagt oder tut, reagieren Sie dann sofort negativ im Unmut? Wenn das der Fall ist, dann schwenkt tief in Ihrem Inneren jemand eine rote Flagge. Die Stelle, wo wir das am stärksten erleben, ist die Abgeschlossenheit der Ehe und Familie. Man hat eine solche Veranlagung einmal als das »Mobilar der Ehe« bezeichnet – die Grundausstattung und die Grundreaktionen, die die Menschen in die Ehe mitbringen. Das kann einfach dadurch geschehen, daß die Frau sagt: »Liebster, würdest du bitte den Abfall heraustragen?« Die rote Flagge ist geschwenkt und der Stier – damit meine ich den Mann – brüllt und greift an. Oder der Mann ermahnt seine Frau wegen der Einkaufsrechnung und sie braust auf, weil sie sich an ihre Kindheit erinnert, wo mit den Pfennigen geknausert wurde.

b) *Gelbe Flagge oder Angst.* Manchmal sagen wir von jemandem: »Der oder die ist gelb« und meinen damit, daß er oder sie ängstlich oder feige ist. Die Angst kann einige starke und lähmende Reaktionen auslösen. Die Bibel zeigt uns die drei größten Ängste. Das erste ist die Angst, die Adam befiel, nachdem er gesündigt hatte, wie es uns in 1. Mose 3,8-10 berichtet wird. Als Gott Adam fragte, wo er wäre, antwortete er aus seinem Versteck hinter einem Baum heraus: »Ich fürchte mich und verstecke mich.« Adam hatte Angst, daß Gott, wenn er herausfand, was er getan hatte und wer er wirklich war, ihn verwerfen könnte. Adam hatte die reinste Form der bedingungslosen Liebe erlebt. Seine Angst kam aus der Schuld und der Selbstanklage.

Heute sehen wir eine solche Angst oft bei Leuten, die eine mit vielen Bedingungen versehene Liebe erlebt haben. Was auch immer die Ursache sein mag, Schuld oder falsch verstandene Liebe, diese Angst sitzt sehr tief und spricht ungefähr so: »Wenn die anderen erfahren, wer ich eigentlich bin, dann liebt man mich nicht und verwirft mich.«

Die Antwort auf diese Angst findet sich in der wundervollen Gottesverheißung: »Denn Gott hat uns nicht den Geist der Furcht gegeben, sondern... der Liebe...« (2. Tim. 1,7). Gottes bedingungslose Liebe und Gnade, die uns immer so annehmen wird, wie wir gerade jetzt sind, sind die Antwort auf diese Angst, verworfen zu werden.

Kathy kämpfte sowohl mit dem Unmut als auch mit der Angst, als sie sich hilfesuchend an mich wandte. Sie hatte Schwierigkeiten, das Angenommenwerden und den tröstlichen Zuspruch zu verstehen. Sie hatte stets Angst, sie würde verworfen werden, vor allem von Männern. Sie erinnerte sich an die vielen Gelegenheiten, bei denen ihr Vater sie beiseitegeschoben hatte; er hatte nie Zeit für sie, er hörte ihr nie zu. Eines Tages hatte sie in einem Laden eine Spruchtafel gesehen, auf der liebevolle Gefühle ausgedrückt waren. Sie sparte ihr Geld und gab die Spruchtafel ihrem Vater. Er schaute darauf und sagte ziemlich barsch: »Bei uns liegt sowieso schon zu viel altes Zeug herum.« Sie erinnerte sich daran, daß an diesem Tage in ihrem Inneren etwas ausgegangen sei. Später, als ihr Vater nachgiebiger geworden war und ihr mehr Verständnis und Zuneigung entgegenbringen wollte, ärgerte sie sich noch immer und hatte noch immer Angst. Es hatte ihre Beziehung zu ihren Mitmenschen und zu Gott betroffen. Allmählich lernte sie es, zu vergeben und Trost und Liebe anzunehmen. Durch meine Seelsorge und durch die Freundschaft mit einer lieben gläubigen Familie lernte sie das »Vatersein« Gottes zu verstehen.

Als sie sich anderen anvertraute und sich ihren Kummer vom Herzen redete, merkte sie, daß sie angenommen und geliebt war. Eine weitere Art von Angst ist die, die der Mann im Gleichnis Jesu zum Ausdruck brachte, der nur das eine Pfund hatte (Matth. 25,14-30). Er hatte die so weit verbreitete Angst, daß er nichts im Leben zuwege brächte. Er vergrub sein Pfund, weil er Angst hatte, daß sein Meister streng und übermäßig anspruchsvoll sei. Eine solche Angst befällt viele, die nach der Lebensphilosophie des »Streng dich an, es soll schließlich noch einmal etwas aus dir werden« erzogen wurden. Sie sehen Gott und die Menschen so an, als verlangten sie stets von ihnen, viel zu tun und viel aus sich zu machen – mehr als sie zu leisten imstande sind. »Aber Gott hat uns nicht den Geist der Furcht gegeben, sondern der Kraft…« Gott fordert nichts von uns, was er uns nicht selbst zukommen läßt. »Getreu ist er, der euch ruft, er wird's auch tun« (1. Thess. 5,23). Schon oft haben wir gehört: »Es kommt nicht auf das an, was wir leisten können, sondern darauf, ob wir dem Herrn zur Verfügung stehen.«

Es gibt noch eine Art von Angst, wie Hiob sie ausdrückt: »Denn was ich gefürchtet habe, ist über mich gekommen, und was ich sorgte, hat mich getroffen. War ich nicht glückselig? War ich nicht fein stille? Hatte ich nicht gute Ruhe? Und es kommt solche Unruhe« (Hiob 3,25-26). Das ist die Angst, daß ich nicht mitkomme, daß ich mit dem Leben nicht fertig werde. Es gibt so viele Menschen, die mir sagen, daß sie Angst haben, daß sie einen Nervenzusammenbruch bekommen werden, wie ihr Vater oder ihre Mutter. Oder sie sagen mir, daß sie Angst vor der Ehe haben, weil ihre Ehe vielleicht zur Scheidung führen könnte. Es gibt heutzutage so viele, die Angst haben, daß sich bei ihnen die Tragödien und die traumatischen Erlebnisse wiederholen könnten, die sie zu Hause erlebt haben. Hier kommt uns wieder Gottes Wort zuhilfe: »Denn Gott hat uns nicht gegeben den Geist der Furcht, sondern der Kraft und der Liebe und der Zucht.« Es ist Gottes Anliegen, daß Teufelskreise gesprengt werden. Er ist der Gott, der sich auf Neuanfänge spezialisiert hat. Nicht nur auf die zweite Gelegenheit, sondern auf die erste Gelegenheit – die Gelegenheit, einen völlig neuen positiven Kreis der Liebe und Güte zu beginnen. Es ist sein Anliegen, die alten gelben Fahnen der Angst niederzureißen.

c)*Schwarze Flagge des Mißbrauchs.* Es gibt viele Menschen, bei denen es im Leben zu schwarzen oder zumindest grauen Zwischenfällen gekommen ist und die sich nun schwierig, schmutzig und beschämt vorkommen. Das kann in den empfindsamen Kindheitsjahren vorgekommen sein oder in den stürmischen Jahren der Pubertät und des Heranwachsens oder in den Jahren, als man als junger Erwachsener tiefe Eindrücke mitbekommen hat. Es geht dabei in der Hauptsache um Erlebnisse auf geschlechtlichem Gebiet. Es ist schwer zu sagen, ob solche tragischen und traumatischen Erlebnisse heutzutage immer mehr zunehmen oder ob man lediglich offener darüber spricht. Ich neige persönlich zu der Auffassung, daß sexueller Mißbrauch tatsächlich zunimmt, und das aufgrund der Verwilderung auf geschlechtlichem Gebiet, die sich heutzutage vor unseren Augen abspielt und gegen die es so wenig sittliche Zäune gibt.

Bei mir stapeln sich die Briefe von Menschen, die bei mir um Hilfe und Befreiung von geschlechtlichen Erlebnissen nachsuchen. Sie haben bei ihnen so tiefe Narben hinterlassen, daß es ihnen nicht möglich war, sich während der Zeit der Werbung und dann bei den Intimitäten der Ehe natürlich und normal zu verhalten.

Ich erhalte aber auch Briefe, die die freudigsten und aufregendsten Mitteilungen über Errettung, Reinigung und Heilung enthalten. Eine Frau, die aus den Ketten einer lesbischen Verbindung frei geworden war, schrieb: »Jetzt warte ich nur noch auf Gott und seine Weisungen. Ich fühle mich so, als ob ein bösartiger Tumor aus der Mitte meines Wesens genommen sei, und ich bin ganz gefaßt und ruhig. Gleichzeitig überkommt mich ein Gefühl der Aufregung und der Erwartung. Es ist mir so, als ob Jesus tief in mein Innerstes eingreift und ganz sanft Stücke meiner selbst herausholt, um mir zu zeigen, was da ist... Einiges von dem, was mir bewußt geworden ist, habe ich ihm ausgeliefert. Anderes wurde geheilt, und da, wo ich mich krank gefühlt habe, fühle ich mich jetzt gesund. Er lehrt mich, was ich in ihm sein kann.« Viele glückliche Ehejahre danach bestätigen die Tiefe ihrer Heilung.

Mein Lieblingsbrief ist der von Irene. Sie war lange und oft bei mir gewesen, als sie im College studierte, und anschließend hatten wir lange dafür gebetet, daß der Herr diese abscheulichen und schmutzigen Erinnerungen an den geschlechtlichen Mißbrauch heilen möge, den ihr eigener Vater mit ihr getrieben hatte. Viele Jahre lang hörte ich nichts von ihr, aber dann kam ein langer Brief. Ihr Vater war ernstlich erkrankt und hatte sie gebeten, ihn vor seinem Tode noch einmal zu besuchen. Sie fuhr voll Angst und Zittern hin.

»Ich war mir nicht ganz sicher, wie ich meinem Vater entgegentreten würde – ob meine Gefühlswelt tatsächlich so geheilt war, wie ich sicher vermutete, oder ob mich, wenn ich mich ihm körperlich näherte, wieder eine Welle der Übelkeit überkommen würde und ob all die Worte der liebevollen Zuwendung, obwohl sie von Herzen kamen, dennoch über meine Lippen gepreßt werden müßten. Die beiden Wochen, die ich bei Mama und Papa war, waren fantastisch. Ich konnte es fast spüren, wie der Herr mich umfing, wie er seine Arme um mich legte, wie er mich in allem führte, was ich sagte und tat! Es war ein schönes, unvergeßliches Erlebnis, für das ich den Herrn pries. Um nichts in der Welt hätte ich das verpassen mögen! Ich war erfüllt von der besonderen Freude und dem Frieden, die er schenkt. Ohne den Herrn Jesus wäre ich ein nervliches Wrack gewesen, das für niemand eine Hilfe gewesen wäre.

Als ich Papa anschaute, da kam es mir so vor, als herrschte vom ersten Augenblick an völlige Harmonie und ein tiefes Verständnis zwischen uns, und mit ungeheuchelter und froher Liebe schlang ich meine Arme um seinen schwachen, dünnen Leib, küßte ihn und sagte ihm, daß ich ihn liebhabe. Die Tränen rannen ihm von den Wangen. Er und ich, wir beide wußten, daß alles, was in der Vergangenheit lag, vergeben und im Blute des Lammes abgewaschen war. Es herrschten Heilung, Gesundheit und unausgesprochenes Verstehen. Mein Herz war von Freude erfüllt. Die Heilung und die Liebe, deretwegen ich vor so langer Zeit dem Herrn vertraut hatte, gehörten jetzt mir, und zwar nicht nur als ich weit genug von der Schwierigkeit entfernt war, um sie mir theoretisch anzueignen, sondern sie waren da, als ich in den Armen meines Vaters lag.« Sie beschrieb mir dann das Vorrecht, daß sie mithelfen durfte, ihrem Vater in seinen letzten Lebenswochen zu einer persönlichen Begegnung mit Jesus zu führen und mit ihm Gemeinschaft im Glauben zu haben.

d) *Weiße Flagge der Auslieferung.* Der Apostel Paulus erinnert uns daran, daß Gott uns Waffen zur Kriegsführung gegeben hat, die stark sind, »um Befestigungen zu zerstören«. Denn »wir zerstören damit die Anschläge und alle Höhe, die sich erhebt wider die Erkenntnis Gottes, und nehmen gefangen alle Vernunft unter den Gehorsam Christi« (2. Kor. 10,4-5). Das endgültige Zeichen für die Einnahme einer Festung ist, daß die feindliche Flagge heruntergerissen wird.

Eines der aufregendsten und interessantesten Erlebnisse in meinem Missionarleben war es mitzuerleben, wie die Staatshoheit von England auf Indien überging. Mit Tausenden zusammen versammelten wir uns am 15. August 1947, um zu sehen, wie die britische Flagge (der Union Jack) langsam heruntergezogen und an ihrer Stelle die dreifarbige Fahne des eben erst unabhängig gewordenen Indiens gehißt wurde. Es war eine tiefernste und aufregende Stunde! Aber ich hatte ein noch größeres Vorrecht, nämlich hunderten von Menschen beistehen zu dürfen, bei denen durch Gottes Weisheit und Macht alte Festungen des Kindischen, der Schwäche und der Unreife abgerissen wurden und die Fahne des Glaubens gehißt wurde.

Aber bevor es soweit war, ging es immer durch eine Reihe von Kämpfen. Sie nahmen viele Formen an, die alle Teile der Gesamtpersönlichkeit umschlossen – Geist, Gefühlswelt, Wille. Da gab es alle Arten von größeren und kleineren Gefechten, bei denen kindische Dinge abgelegt wurden. Zum Schluß kam die Entscheidungsschlacht, bei der es zur völligen Hingabe kam, in der das besiegte und oft schwer angeschlagene Ich die weiße Flagge der bedingungslosen Hingabe hißte. Dann wurde die Flagge des Glaubens gehißt und Jesus konnte die völlige Herrschaft über sein Eigentum antreten.

Ist es uns schon je zum Bewußtsein gekommen, was es mit der Flagge des Glaubens eigentlich auf sich hat? Es ist eine ganz weiße Flagge, auf der das Kreuz auf einem kleinen blauen Untergrund eingedruckt ist. Es ist das Malzeichen des siegreichen Herrn Jesus Christus, das auf das Zeichen unserer Hingabe aufgesetzt worden ist.

Ein Mann wurde einst gefragt: »Mein Herr, sind Sie ein Christ?« Er dachte einige Augenblicke nach und antwortete dann: »Ja, mit Flecken.« Es ist mein Gebet, daß wir dem Heiligen Geist gestatten, aus uns fleckenlose und gereifte Kinder Gottes zu machen.

Das vorliegende Buch ist die Fortsetzung zu

David Seamands
Heilung der Gefühle
»... so werdet ihr recht frei«
Edition C, Nr. S 3, 120 Seiten

»Als ich junger Pfarrer war, entdeckte ich, daß es mir in der Seelsorge bei zwei Gruppen von Menschen nicht gelang, ihnen zu helfen. Ihre Probleme ließen sich weder durch die Predigt des Wortes, die Hingabe an Christus noch durch Gebet oder die Teilnahme am Abendmahl lösen.« Es gibt Probleme und Schwierigkeiten, bei denen es mit normaler Seelsorge nicht getan ist. Dort muß die seelsorgerliche Arbeit ausgeweitet werden, vor allem bei Menschen mit einem angeschlagenen Gefühlsleben und einer nicht geheilten Erinnerungsfähigkeit. Der Autor zeigt, wie man von seelischen Verklemmungen freiwerden und wie niederschmetternde Erinnerungen an die Vergangenheit geheilt werden können. Gott kann ein angeschlagenes Gefühlsleben in Ordnung bringen und aus verklemmten Menschen gesunde Persönlichkeiten werden lassen.

VERLAG DER FRANCKE-BUCHHANDLUNG GMBH
MARBURG AN DER LAHN

Antwort auf Lebensfragen

In dieser Reihe sind bisher erschienen:

Klaus Berger
Ohne Liebe kein Leben
Wer nicht liebt, kennt Gott nicht
Edition C, Nr. S 1, 112 Seiten

Dieses Buch zeigt Schritt für Schritt, was Liebe und Leben ist und wie beide miteinander verbunden sind. Dabei wird deutlich, daß die Bibel auf die existentiellen Fragen des Lebens die hilfreiche Antwort gibt: Wo finde ich wahre Liebe und ein sinnvolles Leben.

Thomas Kopka
Sehnsucht ohne Hoffnung
Die Persönlichkeitsentwicklung zum Selbstmord im Licht des biblischen Menschenbildes
Edition C, Nr. S 2, 112 Seiten

In allen Jahrhunderten hat der Selbstmord gleichermaßen fasziniert und schockiert. Generationen von Wissenschaftlern haben den Weg zum Selbstmord analysiert. Aber niemand kam über die Erkenntnis der Bibel hinaus, die wir im Römerbrief lesen: »Der Sold der Sünde ist der Tod, Gottes Gnadengeschenk aber ist ewiges Leben.«

VERLAG DER FRANCKE-BUCHHANDLUNG GMBH
MARBURG AN DER LAHN